2권 목차

- 일러두기   3
- 【8】離婁章句 下(33장)   4
- 만장   40
- 【9】萬章章句 上(9장)   42
- 【10】萬章章句 下(9장)   78
- 고자   112
- 【11】告子章句 上(20장)   114
- 【12】告子章句 下(16장)   150
- 진심   188
- 【13】盡心章句 上(46장)   190
- 【14】盡心章句 下(38장)   230
- 맹자자구색인   266

孟子(B.C.372~B.C.289)

孟子

*1*권 목차

- 감수사   3
- 일러두기   6
- 맹자에 대하여   7
- 孟子序說   13

- 양혜왕   18
- 【1】梁惠王章句 上(7장)   20
- 【2】梁惠王章句 下(16장)   54
- 공손추   98
- 【3】公孫丑章句 上(9장)   100
- 【4】公孫丑章句 下(14장)   138
- 등문공   174
- 【5】滕文公章句 上(5장)   176
- 【6】滕文公章句 下(10장)   210
- 이루   246
- 【7】離婁章句 上(28장)   248

- 인물색인   28

손에 잡히는
맹자 1

손에 잡히는 경전시리즈 **[8]** 손에 잡히는 맹자①

- **초판발행** 2009년 10월 27일 ▪ **3쇄발행** 2018년 1월 4일
- **감수** 김성기 ▪ **편역** 대유학당 ▪ **편집** 대유연구소
- **편집인 윤상철** 이연실 황상희 김순영 유화동
- **발행인 윤상철** ▪ **발행처** 대유학당
- **출판등록** 1993년 8월 2일 제 1-1561호
- **주소** 서울 동대문구 휘경동 258 서신빌딩 402호
- **전화** (02)2249-5630~1
- **홈페이지** http//www.daeyou.net 대유학당

- 여러분이 지불하신 책값은 좋은 책을 만드는데 쓰입니다.
- ISBN 978-89-6369-012-4-04140
- **값 10,000원**

감수사

　예로부터 "맹자 7편을 읽은 사람하고는 말도 말라"하는 이야기가 전한다. 이는 맹자가 왕도정치를 설파할 때에, 고금의 역사와 실례를 들어 설명함에 막힘이 없었던 豪辯을 높이 산 말이다. 또한 그 호변속에 숨어있는 왕도정치와 그를 실현하려는 맹자의 열정을 상대할 그 어떠한 사상이나 논리도 없다는 역설적인 칭찬이기도 하다.

　양혜왕 공손추 등문공 이루 만장 고자 진심의 7편으로 이루어진 맹자는, 後漢의 학자 조기趙岐가 각 장구를 상편과 하편으로 나누어 14편으로 만든 이후로 지금까지 그 체제를 그대로 유지하고 있으며, 유학의 4대 경서로 굳건히 자리매김하고 있다.

　"왕은 어찌 꼭 이익을 말씀하십니까? 또한 인과 의가 있을 뿐입니다(王은 何必曰 利잇고? 亦有仁義而已矣)"로 대표되는 맹자의 인의를 바탕으로 한 왕도정치에 대한 열정!
　제나라 선왕에게서 왕도정치를 구현할 싹을 보고 정성을 들이다가, 실망하고 떠날 때는 차마 떠나지를 못하고 교외에서 사흘을 지냈다. 이에 제나라 선비인 윤사가 "왕이 탕왕이나 무왕 같은 성군이 될 수 없음을 모르고 왔다면 이것은 현명하지 못한 것이고, 불가능한 줄 알고서도 왔다면 이것은 재물을 구한 것이다. 그런데 왕과 뜻이 맞지 않아 떠나가면서, 사흘을 유숙한 뒤에 주 땅을 출발하니, 이 어찌 이리 오랫동안 체류한단 말인가?"하고 비난하자, "내가 사흘을 유숙한 뒤에 주 땅을 출발했지만, 내 마음에는 오히려 빠르다고 여겼다. 나는 왕이 부디 고치시기를 바랐으니, 왕이 만일 고치셨다면 반드시 나의 발길을 돌리게 하셨을 것이다. … 그러나 어찌 왕을 버리겠는가? 왕은 그래도 충분히 선을 행하실 수 있을 것이다. 왕이 만일 나를 등용하신다면, 어찌 다만 제나라 백성만이 편안할 뿐이겠는가? 천하의 백성이 모두 편안할 것이다. 왕이 부디 고치시기를 나는 날마다 바란다."고 하였다. 어떤 사람에게나 간직된 인과 의를 발현시킴으로써 세상의 모든 사람의 인과 의가 꽃피우기를 바라는 간절한 마음이 엿보인다.

당대의 변설가이자 권력자인 告子나 순우곤 등과의 대화에서 사람의 本性에 대해 깊이 있는 논변을 함으로써 공자로부터 확립된 仁에 대한 실현 가능성을 높이고, 묵자의 兼愛說에 대한 비판을 하여 잊혀져 가던 유학을 재정립함으로써 孔孟學의 기반을 닦게 된다.

특히 책 말미에 있는 진심장은 앞에서 펼쳤던 이론들을 모아 정리하면서, 사람의 반성과 실천을 주장하였고, 요·순·우·탕·문·무·주공·공자로 내려가는 도통을 서술하고 자신의 처지를 말함으로써 자신이 도통을 이은 적손임을 자부한 대목이라고 할 수 있다.

2천여 년전에 태어나 전국의 혼란시대를 살면서도 사람의 본성을 살리고자 했던 아성 맹자! 이익 앞에서는 어제의 동지도 없고 사랑하는 가족도 과감히(?) 죽여야 했던 시대에, 인과 의를 바탕으로 한 왕도정치를 펴고자 했던 돈키호테!

   이렇듯 시대와 장소를 불문하고 인간의 본성을 회복해야 한다는 원칙을 고수했던 맹자의 사상이 모두 담겨있고, 유학의 경전으로서의 숨결이 고동치는 맹자를 대유학당에서 확대 보급하기 위해 포켓용으로 작게 만들어서 휴대하기 편리하게 만들었다. 작은 책자이지만 맹자에 나오는 인물과 자구색인은 물론이고, 당시 맹자가 주유하며 인의를 부르짖고 왕도정치에 대해 열변을 토했던 자취를 지도와 더불어 한페이지에 요약하는 등, 정확한 번역을 바탕으로 충분히 맹자를 이해하고 외우는 데 초석이 될만하다고 여겨진다. 이에 맹자를 알고 맹자를 본받고자 하는 사람들이 가슴속에 지니고 다닐만 하다고 생각하며 감수사를 갈음한다.

己丑年 坤月에 성균관대학교
유학 동양학부장 金聖基

일러두기

  이 책은 맹자를 공부하는 사람이 간편하고 편리하게 원문에 접근할 수 있도록 하기 위해 손에 잡히는 경전시리즈로 편집한 것으로, 『대학·중용』과 『논어』에 이어서 『맹자 1·2』를 출간함으로써 사서를 완성하였습니다.

❶ 원문과 현토는 1631년 인조 9년에 간행한 경진신간庚辰新刊 내각장판內閣藏板을 저본으로 하였습니다.
❷ 왼편에는 원문과 음을 달고 오른편에는 해석을 넣어서 비교해 가며 외울 수 있게 하였습니다.
❸ 1권에는 양혜왕장구 상~이루장구 상을 싣고, 2권에는 이루장구 하~진심장구 하를 실었습니다.
❹ 1권의 말미에 인물을 중심으로 인물색인을 넣고, 2권에는 맹자자구색인을 넣어 찾아보기 쉽도록 하였습니다.
❺ 책 뒤에는 혼란한 전국시대를 살아간 맹자의 행적도를 그림과 함께 설명하였습니다.

맹자에 대하여

1. 맹자년보孟子年譜

맹자의 연보에 대하여는 정확한 기록이 없어서, 청나라 사람 적자기 狄子奇가 기록한 『맹자편년孟子編年』을 인용하였다. 그러나 학자마다 맹자가 각 나라를 방문하여 유세한 순서가 다르다고 주장하고 있고, 양나라 혜왕을 만난 때도 『사기』의 기록과는 다르다.

B.C. 372 4월 2일 추鄒나라 (지금의 산동성 추현)에서 태어나다. 추나라는 노나라와 제나라 사이에 있는 부용국으로 추정된다.
357(15세) 노魯나라에서 배우다.

333(40세) 부동심不動心의 경지에 이르다.
332(41세) 추鄒 목공穆公을 만나다.
331(42세) 제齊 평륙平陸에 머무르다.
330(43세) 추鄒에서 임任으로 가다.

329(44세) 노魯 평륙平陸에서 제齊나라로 가다.
328(45세) 제齊의 빈사賓師가 되다.
326(47세) 제齊를 떠나서 송宋나라로 가다.
325(48세) 송宋에서 추鄒로 돌아오다.
324(49세) 추鄒에서 등藤으로 가다.

322(51세) 등藤을 떠나 추鄒로 돌아오다.
320(53세) 양나라 혜왕惠王의 초빙을 받고 양梁나라로 가다.
319(54세) 혜왕惠王 영이 죽자, 양梁을 떠나서 제齊나라로 가다.
318(55세) 제齊나라의 경卿이 되다.
317(56세) 어머니 喪을 당하여 제齊나라로부터 돌아와 노魯나라에서 장례를 모시다.
315(58세) 노魯에서 제齊로 돌아오다.
314(59세) 제齊가 연燕을 쳐서 빼앗고 폭정을 저지르니, 제齊를 버리고 송宋으로 가다.

313(60세) 송경을 석구石邱에서 만나 인의仁義를 권하다.
312(61세) 송宋에서 설薛나라로 가다.
311(62세) 설薛에서 노魯로 갔다가 뜻을 이루지 못하고 다시 추鄒로 돌아오다.
289(84세) 1월 15일 세상을 마치다.

2. 맹자의 생애

이름은 가軻, 자는 자여子輿 또는 자거子車라고도 한다. 3세 때 아버지(孟孫氏의 후손으로 이름은 激이고 자는 公宜, 또는 이름은 激公이고 자는 宜)를 여의고 어머니 장씨仉氏(또는 李氏)로부터 교육을 받았다. 자라서는 자사子思의 문인에게서 수업하면서 공자의 도를 독실하게 믿게 되었다.

다만 가족관계가 불투명한데다 가정적으로도 행복하지는 않은 것 같다. 대부분의 기록에는 "아내 유씨由氏(또는 田氏)가 행실이 좋지 않았으나 차마 내쫓지 못했다"고 하고, 오직 순자荀子(荀子의 解蔽篇) 만은 내쫓았다고 하였다. 또 유씨와의 사이에 아들 孟仲子(이름은 睪)를 두었다고도 하고, 맹중자는 아들이 아니고 조카라고도 하였다. 본 책에서는 이루장구 상에서 공손추가 '군자가 자식을 직접 가르치지 않는 이유'를 물은 것에 대해, 明나라 진사원陳士元이 지은 『맹자잡기孟子雜記』에 의해 맹중자를 맹자의 아들로 보고 번역하였다.

맹자는 공자가 죽은 뒤 백년 좀 넘어서 탄생했다. 맹자는 현 산동성의 추현 사람이며 노나라의 귀족인 맹손씨(慶父) 집안의 자손이라 전해지고 있다. 맹자는 "인류가 세상에 나온 이래로 오늘에 이르기까지 공자와 같은 사람은 존재하지 않았다. 내가 원하는 것은 공자처럼 되기를 배우는 것이다. 내가 비록 공자 생전의 제자가 될 수는 없었지만, 그의 제자였던 사람들을 통해서 덕을 닦으려고 힘써 왔다."라고 하면서 공자를 가장 위대한 스승으로 보았다.

3. 맹자와 그의 시대

맹자가 살았던 당시는 열국이 무력으로 자웅을 다투던 전국시대로 백성은 도탄에 빠졌으며, 한편으론 자신을 합리화하는 명분과 살아남기 위한 자구책을 얻고자 하는 군주들 틈에서 학자들이 서로 다투는 백가쟁명의 시대였다. 종주국인 주나라는 회복할 기미를 보이지 않고, 제후 중에 이른 바 '전국 7웅'이 패권을 경쟁하는 한편, 노魯 위衛 정鄭 송宋 설薛 등滕의 부용국들이 그 사이에 끼어 있으면서 존립을 위해 안간힘을 쓰고 있던 때이다.

따라서 당시의 군주들이 듣고자 한 것은 당장의 어려움을 해결할 수 있는 합종연횡책이나 부국강병책 등이었으므로, 맹자의 덕을 밝히는 왕도정치와 인의를 강조하는 사상은 현실감이 없다는 이유로 잘 받아들여지지 않았다.

4. 『맹자』 책에 대하여

『맹자』는 『논어』와 마찬가지로 각 편의 첫머리의 글자를 제목으로 삼았다. 양혜왕 공손추 등문공 이루 만장 고자 진심의 7편으로 이루어진 맹자는, 후한 학자 조기趙岐가 각 장구를 상편과 하편으로 나눈 뒤 현재까지 14편으로 전해 내려오고 있다.

『맹자』는 전체가 일정한 주제로 엮인 일관된 책이다.

예를 들어 『맹자』의 서언에 해당되는 양혜왕장과 뒤이은 공손추장 등문공장은 당시 각 나라의 권력자들과 나눈 대화를 기록한 것인데, 주로 왕도 정치에 대해서 논한 정치론에 해당된다.

또 이루장 만장장 등은 역대 성인들에 대한 문답이고, 고자장에서는 당시 유명한 학자였던 고자와의 대화를 중심으로 사람의 본성에 대한 깊이 있는 논쟁을 펼친다. 마지막에 나오는 진심장은 앞에서 펼쳤던 이론들을 모아 정리하면서, 사람의 반성과 실천을 주장하였고, 말미에 요·순·우·탕·문·무·주공·공자로 내려가는 도통을 서술하고 자신의 처지를 말함으로써 자신이 도통을 이은 적손임을 은연중 밝힌, 이 책의 결론부분이라고 할 수 있다.

5. 맹자의 17제자

『군서습타群書拾唾』라는 서적에 '맹자의 17제자'에 대한 언급을 하며, 제자의 이름을 적어 놓았다. 뒤의 숫자는 『맹자』 본문에 있는 편과 장을 표시한 것이다.

① 고자告子 : 3-2, 11-1, 11-2, 11-3, 11-4, 11-6, 12-8
② 고자高子 : 4-11, 12-3, 14-21, 14-22
③ 공도자公都子 : 4-5, 6-9, 8-30, 11-5, 11-6, 11-15, 13-43
④ 공손추公孫丑 : 3-1, 3-2, 4-2, 4-6, 4-14, 6-7, 7-18, 12-3, 12-13, 13-31, 13-32, 13-39, 13-41, 14-1,

14-36
⑤ 도응桃應 : 13-35
⑥ 만장萬章 : 6-5, 9-1, 9-2, 9-3, 9-5, 9-7, 9-7, 9-8, 9-9,
　　10-3, 10-4, 10-6, 10-7, 10-8, 10-37
⑦ 맹계자孟季子 : 11-5
⑧ 맹중자孟仲子 : 4-2
⑨ 서벽徐辟 : 5-5
⑩ 악정자樂正子 : 2-26, 7-24, 7-25, 12-13, 14-25
⑪ 옥려자屋盧子 : 12-1, 12-5
⑫ 주소周霄 : 6-3
⑬ 진대陳代 : 6-1
⑭ 진진陳臻 : 4-3, 14-23
⑮ 충우充虞 : 4-7, 4-13
⑯ 팽갱彭更 : 6-4
⑰ 함구몽咸丘蒙 : 9-4

孟子序說

【맹자서설】

● 史記列傳에 曰 孟軻는 騶人也니 受業子思之門人하시고 道旣通에 游事齊宣王이러시니 宣王이 不能用이어늘 適梁하신대 梁惠王이 不果所言하니 則見以爲迂遠而闊於事情이라. 當是之時하야 秦은 用商鞅하고 楚魏는 用吳起하고 齊는 用孫子田忌하야 天下ㅣ 方務於合從連衡하야 以攻伐爲賢이로되 而孟軻는 乃述唐虞三代之德하시니 是以로 所如者ㅣ 不合이라. 退而與萬章之徒로 序詩書하시고 述仲尼之意하사 作孟子七篇하시다.

● 韓子(한퇴지)ㅣ 曰堯는 以是로 傳之舜하시고 舜은 以是傳之禹하시고 禹는 以是傳之湯하시고 湯은 以是傳之文武周公하시고 文武周公은 傳之孔子하시고 孔子는 傳之孟軻러시니 軻之死에 不得其傳焉하니 荀(순자)與揚(양웅)也는 擇焉而不精하고 語焉而

不詳하니라.

● 又曰 孟氏는 醇乎醇者也요 荀與揚은 大醇而小疵니라.

● 又曰 孔子之道는 大而能博이로되 門弟子ㅣ 不能徧觀而盡識也라. 故로 學焉而皆得其性之所近하야 其後에 離散分處諸侯之國하고 又各以其所能으로 授弟子하니 源遠而末益分이나 惟孟軻는 師子思하시고 而子思之學은 出於曾子하니 自孔子沒로 獨孟軻氏之傳이 得其宗이라. 故로 求觀聖人之道者는 必自孟子始니라.

● 又曰 揚子雲이 曰 古者에 楊墨이 塞路일새 孟子ㅣ 辭而闢之廓如也하시니 夫楊墨이 行이면 正道廢하나니 孟子ㅣ 雖賢聖이시나 不得位하사 空言無施하시니 雖切이나 何補리오? 然이나 賴其言하야 而今之學者ㅣ 尙知宗孔氏하야 崇仁義로되 貴王賤霸而已요 其大經大法은 皆亡滅而不救하고 壞爛而不收하

니 所謂存十一於千百이라. 安在其能廓如也리오? 然이나 向無孟氏면 則皆服左衽而言侏離矣리라. 故로 愈ㅣ 嘗推尊孟氏하야 以爲功不在禹下者ㅣ 爲此也니라.

[맹자서설]

● 或이 問於程子曰 孟子는 還可謂聖人否잇가? 程子ㅣ 曰 未敢便道他是聖人이나 然이나 學已到至處니라.

● 程子ㅣ 又曰 孟子ㅣ 有功於聖門은 不可勝言이라. 仲尼는 只說一箇仁字로되 孟子는 開口便說仁義하시며 仲尼는 只說一箇志로되 孟子는 便說許多養氣出來하시니 只此二字로도 其功甚多니라.

● 又曰 孟子ㅣ 有大功於世는 以其言性善也니라.

● 又曰 孟子性善·養氣之論은 皆前聖所未發이니라.

● 又曰 學者는 全要識時니 若不識時면 不足以言學이니라. 顔子ㅣ 陋巷自樂은 以有孔子在焉이어니와 若孟子之時는 世旣無人하니 安可不以道自任이리오!.

● 又曰 孟子는 有些英氣하니 才有英氣면 便有主角이라 英氣는 甚害事니라. 如顔子는 便渾厚하야 不同하니 顔子는 去聖人只毫髮間이요 孟子는 大賢이니 亞聖之次也니라. 或이 曰 英氣ㅣ 見於甚處니잇고? 曰 但以孔子之言으로 比之면 便可見이니 且如冰與水精이 非不光이로되 比之玉이 自是有溫潤含蓄氣象이나 無許多光耀也니라.

● 楊氏ㅣ 曰 孟子一書는 只是要正人心이니 敎人存心養性하야 收其放心이니라. 至論仁義禮智하는 則以惻隱善惡辭讓是非之心으로 爲之端하고 論邪說之害하야는 則曰 生於其心하야 害於其政이라하고 論事君하야는 則曰 格君心之非하야 一正君而國定이라하니 千變萬化ㅣ 只說從心上來라. 人能正

心이면 則事無足爲者矣니라. 大學之脩身·齊家·治國·平天下도 其本은 只是正心誠意而已니 心得其正 然後에 知性之善이라. 故로 孟子ㅣ 遇人에 便道性善이시니라. 歐陽永叔이 却言 聖人之敎人은 性非所先이라하니 可謂誤矣라. 人性上엔 不可添一物이니 堯舜이 所以爲萬世法도 亦是率性而已니라. 所謂率性은 循天理ㅣ 是也니 外邊이 用計用數하야 假饒立得功業이라도 只是人欲之私니 與聖賢作處와 天地懸隔이니라.

【맹자서설】

양혜왕

梁惠王

- 이 편은 맹자가 도탄에 빠진 백성을 구하고 이상적인 나라를 건설하기 위하여 천하의 여러 나라를 방문한 것을 기록하였으며, 양나라 혜왕을 만나면서부터 맹자의 유세가 시작되었다. 그는 가는 곳마다 통치자들에게 이익만을 논하지 말고 도덕정치를 펼 것을 주장하였다.

그의 열변은 뛰어났고 이론은 매우 합리적이었으며 날카로운 비판은 통치자들을 놀라게 했다. 그러나 이익을 추구하는 데만 급급했던 당시의 통치자들에게 왕도정치는 너무나 현실과 거리가 먼 이론으로만 느껴졌다.

- 전국시대 초기만해도 위나라는 전국칠웅을 다투는 강대한 제후국이었다. 하지만 전국시대 중기에 이르러 제·진·초 등의 나라에 잇달아 패하면서 많은 국토를 잃었고 예전의 강성한 면모를 잃게 되었다.

당시 혜왕은 여러 나라 중 가장 먼저 왕이라 칭했으며, 부국강병을 위해 예물을 후하게 하여 세상의 인재들을 불러 모았다. 그리하여 제나라의 객경이던 추연, 순우곤 등이 위나라를 찾았고, 기원전 320년에는 맹자가 제자들과 함께 위나라를 찾아가게 되었다.

- 양 혜왕 : 전국시대 위나라의 제후. 혜왕은 B.C.400년에 나서 B.C. 370년에 즉위했으며 스스로 왕이라 일컬었다. 세력을 확장하려는 야망에 불타서 여러번 주위의 나라들과 싸웠으나, 진나라의 침략을 피해 도읍을 대량大梁으로 옮기면서부터 도읍 이름을 따서 양나라로 폄하시켜 불렀다. 다른 책에는 "기원전 320년 맹자의 나이 53세에 양나라 혜왕惠王의 초빙을 받고 양梁나라로 갔다"고 하였는데, [사기]에는 "혜왕 35년(기원전 336) 왕이 겸손한 태도와 후한 예물로써 어진 이를 청했기 때문에 맹가가 대량에 이르렀다"고 하여 약 16년의 차이가 난다.

- 양 양왕 : 양 혜왕의 아들. 이름은 혁. 혜왕 36년(기원전 335년)에 혜왕이 죽자 그 뒤를 이음. 재위 16년 양왕 때 나라의 힘이 더욱 미약해졌다.

1. 梁惠王章句 上

① 孟子ㅣ 見梁惠王하신대 王曰 叟ㅣ 不遠千里而
맹자 견양혜왕 왕왈 수 불원천리이

來하시니 亦將有以利吾國乎잇가?
래 역장유이리오국호

孟子ㅣ 對曰 王은 何必曰利잇고? 亦有仁義而
맹자 대왈 왕 하필왈리 역유인의이

已矣니이다.
이의

王曰 何以利吾國고하시면 大夫ㅣ 曰何以利吾
왕왈 하이리오국 대부 왈 하이리오

家오하며 士庶人이 曰何以利吾身고하야 上下ㅣ
가 사서인 왈하이리오신 상하

交征利면 而國이 危矣리이다.
교정리 이국 위의

萬乘之國에 弑其君者는 必千乘之家요 千乘
만승지국 시기군자 필천승지가 천승

之國에 弑其君者는 必百乘之家니 萬取千焉하
지국 시기군자 필백승지가 만취천언

며 千取百焉이 不爲不多矣언마는 苟爲後義而
천취백언 불위부다의 구위후의이

1. 양혜왕장구 상(7장)

① 맹자가 양나라 혜왕을 만나보니 왕이 말했다. "장로長老께서 천리를 멀다 않고 오셨으니, 장차 내 나라를 이롭게 해주실 수 있겠습니까?"

맹자가 대답하여 말하였다. "왕은 어찌 꼭 이익을 말씀하십니까? 또한 인과 의가 있을 뿐입니다."

▎ 叟 : 장로 수.

"왕께서 '어떻게 내 나라를 이롭게 할까?' 하시면, 대부가 말하기를 '어떻게 나의 집안을 이롭게 할까?' 하며, 하급 관리와 서민이 말하기를 '어떻게 나의 몸을 이롭게 할까?' 하여, 상하가 서로 이익을 취하면 나라가 위태롭게 될 것입니다.

만승의 나라에서 그 임금을 죽이는 자는 반드시 천승의 집이고, 천승의 나라에서 그 임금을 죽이는 자는 반드시 백승의 집이니, (천승의 집이) 만승에서 천승을 취하고, (백승의 집이) 천승에서 백승을 취하는 것이 많지 않은 것이 아닌데도, 진실로 의를 뒤로 하고 이익을 앞세우면 (그 임금의 것을) 다 빼앗지 않고서는 만족하지 않을 것입니다."

▎ 征 : 취할 정 ▎ 乘 : 수레 승.

先利면 不奪하야는 不厭이니이다.
선리 불탈 불염

未有仁而遺其親者也며 未有義而後其君者
미유인이유기친자야 미유의이후기군자

也니이다. 王은 亦曰 仁義而已矣시니 何必曰利잇
야 왕 역왈 인의이이의 하필왈리

고?

② 孟子ㅣ 見梁惠王하신대 王이 立於沼上이러시니
맹자 견양혜왕 왕 입어소상

顧鴻鴈麋鹿曰 賢者도 亦樂此乎잇가?
고홍안미록왈 현자 역락차호

孟子ㅣ 對曰 賢者而後에 樂此니 不賢者는 雖
맹자 대왈 현자이후 낙차 불현자 수

有此나 不樂也니이다.
유차 불락야

詩云 經始靈臺하야 經之營之하시니 庶民攻之라
시운 경시영대 경지영지 서민공지

不日成之로다 經始勿亟하시나 庶民子來로다. 王
불일성지 경시물극 서민자래 왕

在靈囿하시니 麀鹿攸伏이로다. 麀鹿濯濯이어늘 白
재영유 우록유복 우록탁탁 백

鳥鶴鶴이로다. 王在靈沼하시니 於牣魚躍이라하니
조학학 왕재영소 오인어약

▎饜 : 만족할 염.

"인하면서도 어버이를 버리는 자가 있지 않으며, 의로우면서도 임금을 (자신을 돌보기 보다) 뒤로 하는 자가 있지 않습니다. 왕께서는 또한 인과 의를 말씀하실 뿐이시니, 어찌 꼭 이익을 말씀하시는 것입니까?"

▎遺 : 버릴 유.

② 맹자가 양나라 혜왕을 만나보니, 왕이 못 위에 서 있다가 기러기와 사슴을 돌아보고 말하였다. "어진 자도 또한 이를 즐거워합니까?"

맹자가 대답하여 말하였다. "어진 자가 된 뒤에 이것을 즐거워하니, 어질지 못한 자는 이를 가져도 즐거워하지 못합니다."

▎鴻 : 큰 기러기 홍 ▎鴈 : 작은 기러기 안 ▎麋 : 큰 사슴 미 ▎鹿 : 사슴 록.

"『시경』에 이르기를, '영대를 짓기 시작하여 경영하시니/ 여러 백성이 도왔기 때문에 몇 날이 못 되어서 이루었네/ 짓기 시작함을 빨리 말라 하시나/ 여러 백성이 아들처럼 오는구나/ 왕이 영유에 계시니 사슴이 엎드려 있네/ 사슴은 살지고 윤택하며 백조는 희고 희구나/ 왕이 영소에 계시니/ 아! 가득하게 물고기가 뛰노는구나'라고 하였습니다.

▎『시경』: 文王편 靈臺시 ▎亟 : 빠를 극 ▎麀 : 암사슴 우
▎濯濯 : 살찐 모양 ▎鶴鶴 : 깃털이 희고 흰 모양.

文王이 以民力爲臺爲沼하시나 而民이 歡樂之하
문왕 이민력위대위소   이민 환락지

야 謂其臺曰 靈臺라하고 謂其沼曰 靈沼라하 樂
  위기대왈 영대   위기소왈 영소   낙

其야 有麋鹿魚鼈하니 古之人이 與民偕樂故로
기 유미록어별   고지인   여민해락고

能樂也니이다.
능락야

湯誓에 曰 時日은 害喪고? 予及女로 偕亡이라하니
탕서   왈 시일 갈상   여급녀 해망

民欲與之偕亡이면 雖有臺池鳥獸나 豈能獨樂
민욕여지해망   수유대지조수   기능독락

哉리잇고?
재

③ 梁惠王이 曰 寡人之於國也에 盡心焉耳矣로니
양혜왕 왈 과인지어국야   진심언이의

河內凶則移其民於河東하며 移其粟於河內하
하내흉즉이기민어하동   이기속어하내

고 河東이 凶커든 亦然하노니 察鄰國之政혼댄 無如
  하동 흉   역연   찰인국지정   무여

寡人之用心者로되 鄰國之民이 不加少하며 寡
과인지용심자   인국지민   불가소   과

人之民이 不加多는 何也잇고?
인지민 불가다 하야

문왕이 백성의 힘으로 영대를 지으며 영소를 지으셨으나, 백성이 기뻐하고 즐거워하여 그 대를 일러 말하기를 '영대'라 하고, 그 소를 일러 말하기를 '영소'라 하여 사슴과 물고기와 자라가 있는 것을 즐거워하였습니다. 옛 사람이 백성과 함께 즐거워했기 때문에 즐거워할 수 있었던 것입니다."

> 於 : 감탄사 오 物 : 가득할 인 偕 : 함께 해.

"『서경』「탕서」에 말하기를, '이 해가 언제 없어지나? 내가 너와 함께 망하리라'고 하니, 백성이 함께 망하고자 하면 비록 누대와 못과 새와 짐승이 있더라도 어떻게 홀로 즐거워할 수 있겠습니까?"

> 湯誓 : 『서경』 商書편 湯誓 時 : 이 시(≒是) 日 : 하나라의 걸왕을 가리킨다. 害 : 어찌 갈(≒何) 女 : 너 녀(≒汝).

③ 양나라 혜왕이 말하였다. "과인이 나라를 다스림에 마음을 다하니, 하내에 흉년이 들면 그 백성을 하동에 옮기고 곡식을 하내에 옮기며, 하동에 흉년이 들면 또 그렇게 합니다. 그런데 이웃 나라의 정치를 살펴보면 과인이 마음을 쓰는 것 같이 하는 자가 없는데도, 이웃 나라의 백성이 더 적어지지 아니하며 과인의 백성이 더 많아지지 않는 것은 어째서입니까?"

> 寡人 : 덕이 적은 사람이란 뜻으로, 제후가 스스로를 칭하는 말.

孟子ㅣ 對曰 王이 好戰하실새 請以戰喩호리이다.
맹자 대왈 왕   호전   청이전유

塡然鼓之하야 兵刃旣接이어든 棄甲曳兵而走호되
전연고지   병인기접   기갑예병이주

或百步而後에 止하며 或五十步而後에 止하야
혹백보이후   지   혹오십보이후   지

以五十步로 笑百步則何如하니잇고?
이오십보   소백보즉하여

曰 不可하니 直不百步耳언정 是亦走也니이다.
왈 불가   직불백보이   시역주야

曰 王如知此則無望民之多於鄰國也하소서.
왈 왕여지차즉무망민지다어린국야

不違農時면 穀不可勝食也며 數罟를 不入洿
불위농시   곡불가승식야   촉고   불입오

池면 魚鼈을 不可勝食也며 斧斤을 以時入山林
지   어별   불가승식야   부근   이시입산림

이면 材木을 不可勝用也니 穀與魚鼈을 不可勝
     재목   불가승용야   곡여어별   불가승

食하며 材木을 不可勝用이면 是는 使民養生喪死
식   재목   불가승용   시   사민양생상사

에 無憾也니 養生喪死에 無憾이 王道之始也니이
   무감야 양생상사   무감   왕도지시야

다.

맹자가 대답하여 말하였다. "왕께서 전쟁을 좋아하시니, 청하건대 전쟁으로 비유하겠습니다. 둥둥 북을 울려 칼날이 이미 접하게 되었는데, 갑옷을 버리고 무기를 끌고 달아나서 혹 백 보 달아난 뒤에 멈추고 혹 오십 보 달아난 뒤에 멈춰서, 오십 보 달아난 것으로 백 보 달아난 것을 비웃는다면 어떻게 여기시겠습니까?"

왕이 말하였다. "그래서는 안됩니다. 다만 백 보가 아닐 뿐, 이 또한 달아난 것입니다."

맹자가 말하였다. "왕께서 만일 이를 아신다면, 백성이 이웃 나라보다 많아질 것을 바라지 마십시오."

▌塡然 : '둥둥'하는 북 소리 ▌曳 : 끌 예 ▌直 : 다만 직(≒但)

"농사 때를 어기지 아니하면 곡식을 이루 다 먹지 못하고, 빽빽한 그물을 웅덩이에 들이지 않으면 물고기와 자라를 이루 다 먹지 못하며, 도끼를 때에 맞추어 산림에 들이면 재목을 이루 다 쓰지 못할 것입니다.

곡식과 물고기·자라를 이루 다 먹지 못하며 재목을 이루 다 쓰지 못하면, 이는 백성으로 하여금 살아있는 사람을 봉양하며 돌아가신 사람을 장례지내는 데 여한이 없게 하는 것이니, 살아 있는 사람을 봉양하며 돌아가신 사람을 장례지내는 데 여한이 없게 하는 것이 왕도의 시작입니다."

▌數罟 : 코가 촘촘한 그물 ▌洿 : 웅덩이 오

五畝之宅에 樹之以桑이면 五十者ㅣ 可以衣帛
오묘지택　수지이상　　오십자　가이의백

矣며 雞豚狗彘之畜을 無失其時면 七十者ㅣ 可
의　계돈구체지휵　　무실기시　　칠십자　가

以食肉矣며 百畝之田을 勿奪其時면 數口之
이식육의　　백묘지전　　물탈기시　　수구지

家ㅣ 可以無飢矣며 謹庠序之敎하야 申之以孝
가　가이무기의　　근상서지교　　　신지이효

悌之義면 頒白者ㅣ 不負戴於道路矣리니 七十
제지의　　반백자　　불부대어도로의　　　칠십

者ㅣ 衣帛食肉하며 黎民이 不飢不寒이요 然而不
자　의백식육　　　여민　불기불한　　　연이불

王者ㅣ 未之有也니이다.
왕자　미지유야

狗彘ㅣ 食人食而不知檢하며 塗有餓莩而不
구체　식인식이부지검　　　도유아표이부

知發하고 人死則曰 非我也라 歲也라하나니 是ㅣ
지발　　　인사즉왈　비아야　　세야　　　　시

何異於刺人而殺之曰 非我也라 兵也리오? 王
하이어척인이살지왈　비아야　　병야　　　왕

無罪歲하시면 斯天下之民이 至焉하리이다.
무죄세　　　　사천하지민　　지언

오묘(畝)넓이의 집 둘레에 뽕나무를 심으면 나이 오십인 사람이 비단 옷을 입을 수 있으며, 닭과 돼지와 개를 기르는데 번식할 때를 잃지 않으면 나이 칠십인 사람이 고기를 먹을 수 있으며, 백 묘(畝)의 밭을 경작하는데 농사할 때를 빼앗지 않으면 두어 식구의 집이 굶주리지 않을 수 있으며, 상과 서의 가르침을 조심스럽게 해서 효도와 공손의 의리를 거듭 가르치면 머리가 희끗희끗한 사람이 길에서 등짐을 지거나 머리에 이고 다니지 아니할 것입니다.

나이 칠십인 사람이 비단옷을 입고 고기를 먹으며, 백성이 굶주리지 않고 춥지 않은데도 왕노릇을 하지 못할 사람은 있지 않습니다."

▎畝 : 이랑 묘, 언해본 음은 모 ▎畜 : 기를 휵
▎黎民 : 머리 검은 백성.

[1] 양혜왕 상

"개와 돼지가 사람이 먹을 것을 먹는데도 단속할 줄 모르고, 길에 굶어죽은 시체가 있는데도 창고를 열 줄 모르며, 사람이 죽으면 말하기를 '내가 아니라 흉년 때문'이라고 하니, 이 어찌 사람을 찔러 죽이고 말하기를 '내가 아니라 무기가 찔렀다'라고 하는 것과 다르겠습니까? 왕께서 (백성이 굶어 죽는 것에) 흉년을 탓하지 않으시면 이에 천하의 백성이 몰려올 것입니다."

▎檢 : 단속할 검 ▎莩 : 굶주려 죽은 사람 표 ▎發 : 창고를 열어 구휼할 발 ▎刺 : 찌를 척.

④ 梁惠王이 曰 寡人이 願安承敎하노이다.
양혜왕 왈 과인 원안승교

孟子ㅣ 對曰 殺人以挺與刃이 有以異乎잇가?
맹자 대왈 살인이정여인 유이이호

曰 無以異也니이다.
왈 무이이야

以刃與政이 有以異乎잇가?
이인여정 유이이호

曰 無以異也니이다.
왈 무이이야

曰 庖有肥肉하며 廄有肥馬요 民有飢色하며 野
왈 포유비육 구유비마 민유기색 야

有餓莩면 此는 率獸而食人也니이다. 獸相食을
유아표 차 솔수이식인야 수상식

且人이 惡之하나니 爲民父母라 行政호대 不免於
차인 오지 위민부모 행정 불면어

率獸而食人이면 惡在其爲民父母也리잇고? 仲
솔수이식인 오재기위민부모야 중

尼曰 始作俑者ㅣ 其無後乎인저하시니 爲其象人
니왈 시작용자 기무후호 위기상인

而用之也시니 如之何其使斯民飢而死也리잇고?
이용지야 여지하기사사민기이사야

④ 양나라 혜왕이 말하였다. "과인이 원하건대 편안한 마음으로 가르치심을 받들려고 합니다."

맹자가 대답하여 말하였다. "사람을 죽이는데 몽둥이와 칼날로 하는 것에 다름이 있습니까?"

혜왕이 말하였다. "다름이 없습니다."

"칼날로 죽이는 것과 정치로 죽이는 것에 다름이 있습니까?"

혜왕이 말하였다. "다름이 없습니다."

맹자가 말하였다. "푸줏간에 살찐 고기가 있고 마구간에 살찐 말이 있는데도, 백성은 굶주린 얼굴빛이 있고 들에 굶어죽은 시체가 있으면, 이는 짐승을 거느려 사람을 잡아먹게 하는 것입니다. 짐승이 서로 잡아먹는 것도 사람이 미워하는데, 백성의 부모가 되어 정치를 행하면서 짐승을 거느려 사람을 먹게 하는 것을 면하지 못한다면, 백성의 부모랄 것이 어디에 있겠습니까?

공자께서 말씀하시기를, '처음 용(나무 인형)을 만든 자는 그 후손이 없을 것이로다!'라고 하셨으니, 사람을 본떠서 썼기 때문입니다. 어찌 이 백성으로 하여금 굶주려 죽게 하시겠습니까?"

| 梃 : 몽둥이 정　| 率 : 거느릴 솔　| 惡在 ≒ 何在
| 俑 : 허수아비 용. 장례 때 쓰기 위한 나무로 만든 사람의 형상.

[1] 양혜왕 상

⑤ 梁惠王이 曰 晉國이 天下에 莫强焉은 叟之所
　양혜왕　왈　진국　천하　막강언　수지소

知也라. 及寡人之身하야 東敗於齊에 長子 死
지야　급과인지신　동패어제　장자 사

焉하고 西喪地於秦七百里하고 南辱於楚하니 寡
언　서상지어진칠백리　남욕어초　과

人이 恥之하야 願比死者하야 一洒之하노니 如之何
인　치지　원비사자　일세지　여지하

則可니잇고?
즉 가

孟子ㅣ 對曰 地方百里而可以王이니이다. 王如
맹자　대왈　지방백리이가이왕　　왕여

施仁政於民하사 省刑罰하시며 薄稅斂하시면 深耕
시인정어민　생형벌　박세렴　심경

易耨하고 壯者ㅣ 以暇日로 修其孝悌忠信하야
이누　장자　이가일　수기효제충신

入以事其父兄하며 出以事其長上하리니
입이사기부형　출이사기장상

可使制梃하야 以撻秦楚之堅甲利兵矣리이다.
가사제정　이달진초지견갑이병의

彼ㅣ 奪其民時하야 使不得耕耨하야 以養其父
피　탈기민시　사부득경누　이양기부

母하면 父母ㅣ 凍餓하며 兄弟妻子ㅣ 離散하리니
모　부모　동아　형제처자　이산

彼 陷溺其民이어든 王이 往而征之하시면 夫誰與
피 함닉기민　왕이정지　부수여

⑤ 양나라 혜왕이 말하였다. "(우리) 진晉나라가 천하에서 막 강했던 것은 장로(맹자)께서도 아시는 바입니다. 그러나 과인의 몸에 미쳐서 동쪽으론 제나라에 패하여 맏아들이 죽고, 서쪽으론 진秦나라에 칠백 리 땅을 잃고, 남쪽으론 초楚나라에 욕을 보았습니다. 과인은 부끄러워하여 원하건대 죽은 사람을 위하여 한 번 갚고자 하니, 어찌하면 가능하겠습니까?"

┃ 晉 : 진나라의 대부였던 위사魏斯 한건韓虔 조적趙籍이 임금을 몰아내고 땅을 나누었기 때문에 삼진이라 불리었다. 그래서 위사의 후손인 혜왕이 아직도 자기 나라를 진나라라고 말한 것이다. ┃ 比 : 위할 비 ┃ 洒 : 명예를 회복할 세.

맹자가 대답하여 말하였다. "땅이 사방 백리라도 왕을 할 수 있습니다. 왕께서 만일 백성에게 인정을 베풀어서 형벌을 줄이시며 세금을 가볍게 하시면, 백성들은 밭을 깊이 갈며 김을 잘 매고, 젊은 사람은 한가한 날에 효제孝悌와 충신忠信을 닦아 들어와서는 부형을 섬기고 나가서는 윗사람을 섬길 것이니, 회초리를 만들어서 진나라와 초나라의 굳은 갑옷과 예리한 병장기를 치게 할 수 있을 것입니다."

┃ 易 : 다스릴 이 ┃ 撻 : 종아리 칠 달 ┃ 利 : 날카로울 리.

"저들이 그 백성의 때를 빼앗아서, 그들로 하여금 밭갈며 김매어서 그 부모를 기르지 못하게 하면, 부모가 얼고 굶주리며 형제와 처자가 떠나고 흩어질 것입니다. 저들이 그 백성을 흙구덩이 물구덩이에 빠트렸을 때, 왕께서 가서 치시면 누가 왕과 더불어 대적하겠습니까?

┃ 彼 : 적국敵國 ┃ 陷 : 함정에 빠질 함 ┃ 溺 : 물에 빠질 닉.

王敵이리잇고? 故로 曰 仁者는 無敵이라하니 王請勿
왕 적   고 왈 인자 무적   왕 청 물

疑하소서.
의

---

⑥ 孟子ㅣ 見梁襄王하시고 出語人曰 望之不似人
  맹자   견 양 양 왕   출 어 인 왈 망 지 불 사 인

君이요 就之而不見所畏焉이러니 卒然問曰 天
군   취 지 이 불 견 소 외 언   졸 연 문 왈 천

下는 惡乎定고하야늘 吾ㅣ 對曰 定于一이라호라.
하   오 호 정   오   대 왈 정 우 일

孰能一之오하야늘 對曰 不嗜殺人者ㅣ 能一之
숙 능 일 지   대 왈 불 기 살 인 자   능 일 지

라호라.

孰能與之오하야늘 對曰 天下ㅣ 莫不與也니 王은
숙 능 여 지   대 왈 천 하   막 불 여 야   왕

知夫苗乎잇가? 七八月之間이 旱則苗ㅣ 槁矣라
지 부 묘 호   칠 팔 월 지 간 한 즉 묘   고 의

天이 油然作雲하야 沛然下雨則苗ㅣ 浡然興之
천   유 연 작 운   패 연 하 우 즉 묘   발 연 흥 지

矣나니 其如是면 孰能禦之리오?
의   기 여 시   숙 능 어 지

今夫天下之人牧이 未有不嗜殺人者也니 如
금 부 천 하 지 인 목 미 유 불 기 살 인 자 야   여

그러므로 옛말에 '인한 자에게는 대적할 이가 없다'고 하니, 왕은 청컨대 의심하지 마십시오."

⑥ 맹자가 양나라 양왕을 보고 나와서 사람들에게 일러 말하였다. "바라봄에 임금답지 아니하고, (임금 앞으로) 나아감에 두려워할 만한 바를 보지 못하였는데, 갑자기 물어 말하기를, '천하가 어떻게 정해지겠습니까?'라고 하기에 내가 대답하여 말하기를 '하나로 정해질 것입니다'라고 하였다.

'누가 하나로 할 수 있겠습니까?'라고 하기에 대답하여 말하기를, '사람을 죽이는 것을 즐기지 않는 자가 하나로 할 수 있을 것입니다'라고 하였다."

▎양왕 : 양나라 혜왕의 아들로 혜왕을 이어 왕이 되었다.
▎猝然 : 갑자기, 급하고 빠른 모양.

"'누가 동조하겠습니까?'라고 하기에 대답하여 말하기를, '천하에 동조하지 않을 사람이 없을 것입니다. 왕은 저 벼 싹을 아십니까? 칠팔월 사이에 가물면 벼 싹이 말랐다가, 하늘이 뭉게뭉게 구름을 지어서 쏴아 하고 비를 내리면, 벼 싹이 쑥쑥 일어나니, 이와 같으면 누가 막을 수 있겠습니까?

지금 천하의 임금이 사람 죽이는 것을 즐기지 않는 자가 없으니, 만일 사람 죽이는 것을 즐기지 않는 자가 있으면, 천하의 백성이 다 목을 빼고 바랄 것입니다.

▎人牧 : 백성을 길러 다스린다는 말로 임금(≒人主)을 뜻함.

有不嗜殺人者則天下之民이 皆引領而望之
유 불 기 살 인 자 즉 천 하 지 민   개 인 령 이 망 지

矣리니 誠如是也면 民歸之ㅣ 由水之就下하리니
의   성 여 시 야   민 귀 지   유 수 지 취 하

沛然을 誰能禦之리오호라.
패 연   수 능 어 지

⑦ 齊宣王이 問曰 齊桓晉文之事를 可得聞乎잇가?
제 선 왕   문 왈 제 환 진 문 지 사   가 득 문 호

孟子ㅣ 對曰 仲尼之徒ㅣ 無道桓文之事者라.
맹 자   대 왈 중 니 지 도   무 도 환 문 지 사 자

是以로 後世에 無傳焉하니 臣이 未之聞也호니 無
시 이   후 세   무 전 언   신   미 지 문 야   무

以則王乎인져!
이 즉 왕 호

曰德이 何如則可以王矣리잇고?
왈 덕   하 여 즉 가 이 왕 의

曰 保民而王이면 莫之能禦也리이다.
왈 보 민 이 왕   막 지 능 어 야

曰 若寡人者도 可以保民乎哉잇가?
왈 약 과 인 자   가 이 보 민 호 재

曰可하니이다.
왈 가

曰 何由로 知吾의 可也잇고?
왈 하 유   지 오   가 야

진실로 이와 같으면 백성이 (그 임금에게) 돌아오기를 물이 아래로 나아감과 같이 할 것이니, 콸콸 흘러가는 것을 누가 막을 수 있겠습니까?'라고 하였다."

▍由 : 같을 유(≒猶).

[1] 양혜왕 상

⑦ 제齊나라 선왕宣王이 물었다. "제나라 환공과 진晉나라 문공의 일을 들을 수 있겠습니까?"

맹자가 대답하였다. "중니의 문도 가운데 환공과 문공의 일을 말한 자가 없었기 때문에(패도를 실천한 일이기 때문에 말하기를 싫어했다) 후세에 전해지지 않아서 신이 듣지 못하였습니다. 그만두라고 하지 않으신다면 왕도를 말해 보겠습니다."

선왕이 말하였다. "덕이 어떠하면 왕도를 할 수 있겠습니까?"

맹자가 말하였다. "백성을 보전하여 왕을 하면 막을 수 있는 사람이 없을 것입니다."

▍道 : 말할 도(≒言) ▍無以≒無已.

선왕이 물었다. "과인 같은 사람도 백성을 보전할 수 있습니까?"

맹자가 답하였다. "할 수 있습니다."

선왕이 물었다. "무엇으로 말미암아 과인이 할 수 있는 줄을 아십니까?"

曰臣이 聞之胡齕호니 曰王이 坐於堂上이어시늘
왈신 문지호흘 왈왕 좌어당상

有牽牛而過堂下者러니 王이 見之하시고 曰牛는
유견우이과당하자 왕 견지 왈우

何之오? 對曰 將以釁鍾이니이다. 王曰 舍之하라.
하지 대왈 장이흔종 왕왈 사지

吾ㅣ 不忍其觳觫若無罪而就死地하노라. 對曰
오 불인기곡속약무죄이취사지 대왈

然則廢釁鍾與잇가? 曰何可廢也리오? 以羊易之
연즉폐흔종여 왈하가폐야 이양역지

라하사소니 不識케이다. 有諸잇가?
불식 유저

曰 有之하니이다.
왈 유지

曰 是心이 足以王矣리이다. 百姓은 皆以王爲愛
왈 시심 족이왕의 백성 개이왕위애

也어니와 臣은 固知王之不忍也하노이다.
야 신 고지왕지불인야

王曰 然하다. 誠有百姓者로다마는 齊國이 雖褊小
왕왈 연 성유백성자 제국 수편소

나 吾何愛一牛리오? 即不忍其觳觫若無罪而
오하애일우 즉불인기곡속약무죄이

就死地라 故로 以羊易之也호이다.
취사지 고 이양역지야

曰王은 無異於百姓之以王爲愛也하소서.
왈왕 무이어백성지이왕위애야

맹자가 말하였다. "신이 호흘에게 들으니 다음과 같이 말하였습니다."

"왕께서 당 위에 앉아 계시는데 소를 끌고 당 아래로 지나가는 자가 있었습니다. 왕께서 보시고 말하기를 '소가 어디로 가느냐?'라고 하자, 대답하여 말하기를 '장차 쇠북을 바르려고 합니다'라고 했습니다. 왕께서 말하기를 '놓아주어라. 나는 그 소가 벌벌 떨어서 죄 없이 죽을 땅으로 나가는 듯이 함을 참지 못하겠다.' 대답하여 말하기를 '그러면 쇠북을 바르는 것을 폐하리잇가?' 왕이 말하기를 '어찌 폐할 수 있겠느냐? 양으로 바꾸라'고 하셨다"고 하니, 알지 못하겠습니다. 그런 일이 있었습니까?"

▌ 釁鍾 : 갓 주조한 종에 희생의 피를 발라 신에 제사하던 일
▌ 觳觫 : 두려워하는 모양.

선왕이 답하였다. "있습니다."

맹자가 말하였다. "그 마음으로 충분히 왕도를 행할 수 있습니다. 백성은 다 왕께서 아낀다고 하지만, 신은 진실로 왕께서 차마 못했던 것을 압니다."

선왕이 말하였다. "그렇습니다. 참으로 그렇게 생각하는 백성이 있습니다만, 제나라가 비록 좁고 작으나 내가 어찌 소 한 마리를 아끼겠습니까? 그 소가 벌벌 떨어 죄없이 죽을 땅으로 가듯이 함을 참지 못했기 때문에 양으로 바꾸게 한 것입니다."

맹자가 말하였다. "왕께서는 백성이 왕으로써 아낀다고 생각하는 것을 이상하게 여기지 마십시오. 작은 것으로 큰 것을

以小易大어니 彼惡知之리잇고? 王若隱其無罪
이소역대   피오지지   왕약은기무죄

而就死地則牛羊을 何擇焉이리잇고?
이취사지즉우양   하택언

王이 笑曰 是誠何心哉런고? 我非愛其財而易
왕   소왈 시성하심재   아비애기재이역

之以羊也언마는 宜乎百姓之謂我愛也로다.
지이양야   의호백성지위아애야

曰 無傷也라. 是乃仁術也니 見牛코 未見羊也
왈 무상야   시내인술야   견우   미견양야

일새니이다. 君子之於禽獸也에 見其生하고 不忍見
            군자지어금수야   견기생   불인견

其死하며 聞其聲하고 不忍食其肉하나니 是以로 君
기사   문기성   불인식기육   시이   군

子는 遠庖廚也니이다.
자   원포주야

王이 說曰 詩云 他人有心을 予忖度之라하니 夫
왕   열왈 시운 타인유심   여촌탁지   부

子之謂也로소이다. 夫我乃行之하고 反而求之호대
자지위야   부아내행지   반이구지

不得吾心이라니 夫子ㅣ 言之하시니 於我心에 有戚
부득오심   부자   언지   어아심   유척

戚焉하여이다. 此心之所以合於王者는 何也잇고
척언   차심지소이합어왕자   하야

曰 有復於王者ㅣ 曰吾ㅣ 力足以擧百鈞而
왈 유복어왕자   왈오   역족이거백균이

바꾸었으니, 저들이 어찌 왕의 참뜻을 알겠습니까? 그런데 왕께서 만일 그 죄 없는 것이 죽을 땅으로 나아감을 측은하게 여기신거라면, 소와 양을 왜 분별하셨습니까?"

선왕이 웃으면서 말하였다. "그것이 진실로 어떤 마음이었을까요? 내가 그 재물을 아껴서 양으로 바꾸라고 한 것이 아니지만, 백성이 나에게 아낀다고 말하는 것이 마땅합니다."

맹자가 말하였다. "잘못될 것이 없습니다. 이것이 인을 행하는 방법이니, 왕께서는 소를 보고 양을 보지 못하였기 때문입니다. 군자가 금수에 대해서 그 산 것은 보지만 차마 그 죽어가는 것을 보지 못하며, 그 죽어가는 소리를 듣고는 차마 그 고기를 먹지 못합니다. 그러므로 군자는 푸줏간을 멀리 하는 것입니다."

선왕이 기뻐하여 말하였다. "『시경』에 이르기를 '다른 사람이 마음 쓰는 것을 내가 헤아린다'고 하니, 선생을 이르는 말입니다. 내가 행하고 돌이켜 생각해 보았지만 내 마음을 이해하지 못하였는데, 선생이 일러주시니 내 마음에 뭉클함이 있습니다. 이 마음이 왕도를 하는데 합당하다는 것은 왜입니까?"

▎『시경』 : 小旻편 巧言시.

맹자가 말하였다. "왕께 아뢰는 자가 있어 말하기를 '내 힘이 충분히 백 균을 들 수 있지만 한 개의 깃털을 들기에 부

[1] 양혜왕 상

不足以擧一羽하며 明足以察秋毫之末而
부족이거일우   명족이찰추호지말이

不見輿薪이라하면 則王은 許之乎잇가? 曰否라.
불견여신   즉왕 허지호   왈부

今에 恩足以及禽獸而功不至於百姓者는
금 은족이급금수이공부지어백성자

獨何與잇고? 然則一羽之不擧는 爲不用力焉
독하여   연즉일우지불거 위불용력언

이며 輿薪之不見은 爲不用明焉이며 百姓之
   여신지불견 위불용명언   백성지

不見保는 爲不用恩焉이니 故로 王之不王은
불견보 위불용은언   고   왕지불왕

不爲也언정 非不能也니이다.
불위야   비불능야

曰 不爲者와 與不能者之形이 何以異잇고?
왈 불위자 여불능자지형 하이이

曰 挾太山하야 以超北海를 語人曰 我不能이라
왈 협태산   이초북해 어인왈 아불능

하면 是는 誠不能也어니와 爲長者折枝를 語人曰
   시 성불능야   위장자절지 어인왈

我不能이라하면 是는 不爲也언정 非不能也니 故로
아불능   시 불위야   비불능야 고

王之不王은 非挾太山以超北海之類也라 王
왕지불왕 비협태산이초북해지류야   왕

之不王은 是ㅣ 折枝之類也니이다.
지불왕 시 절지지류야

족하며, 눈 밝음이 충분히 가을에 나는 터럭의 끝을 살필 수 있지만 한 수레의 땔감을 보지 못한다'고 하면, 왕께서는 인정하시겠습니까?"

선왕이 말하였다. "아닙니다."

맹자가 말하였다. "이제 왕의 은혜가 금수에게까지 충분히 미쳤는데도, 유독 백성에게만 공이 이르지 못하는 것은 왜 그렇겠습니까? 그렇다면 한 개의 깃털을 들지 못하는 것은 힘을 쓰지 않기 때문이며, 한 수레의 땔감을 보지 못하는 것은 눈 밝음을 쓰지 않기 때문이며, 백성이 보호를 받지 못하는 것은 은혜를 쓰지 않기 때문인 것입니다. 그러므로 왕께서 왕노릇을 하지 못하는 것은 하지 않으실 뿐이지, 하지 못하시는 것이 아닙니다."

▎復:복명할 복 ▎鈞:삼십 근 균.

선왕이 말하였다. "하지 않는 것과 하지 못하는 것의 형상이 어떻게 다릅니까?"

맹자가 말하였다. "태산을 끼고서 북해를 건너뛰는 것을, 사람에게 '내가 못한다'고 말하면 이는 진실로 못하는 것입니다. 그러나 어른을 위하여 가지를 꺾는 것을, 사람에게 '내가 못한다'고 말하면 이는 하지 않는 것이지 못하는 것이 아닙니다. 그러므로 왕께서 왕노릇을 못하는 것은 태산을 끼고서 북해를 건너뛰는 종류가 아니라, 왕께서 왕노릇을 못하는 것은 이 가지를 꺾는 종류의 일입니다."

老吾老하야 以及人之老하며 幼吾幼하야 以及人
노오로   이급인지로   유오유   이급인

之幼면 天下는 可運於掌이니 詩云 刑于寡妻하야
지유 천하   가운어장   시운 형우과처

至于兄弟하야 以御于家邦이라하니 言擧斯心하야
지우형제   이어우가방   언거사심

加諸彼而已니 故로 推恩이면 足以保四海요 不
가저피이이 고   추은   족이보사해   불

推恩이면 無以保妻子니 古之人이 所以大過人
추은   무이보처자   고지인   소이대과인

者는 無他焉이라 善推其所爲而已矣니 今에 恩
자 무타언   선추기소위이이의   금 은

足以及禽獸而功不至於百姓者는 獨何與니잇
족이급금수이공부지어백성자   독하여

고?

權然後에 知輕重하며 度然後에 知長短이니 物皆
권연후 지경중   도연후   지장단   물개

然이어니와 心爲甚하니 王請度之하소서!
연   심위심   왕청탁지

抑王은 興甲兵하며 危士臣하야 構怨於諸侯然
억왕   흥갑병   위사신   구원어제후연

後에아 快於心與잇가? 王曰否라. 吾何快於是리오?
후   쾌어심여   왕왈부   오하쾌어시

將以求吾所大欲也로이다.
장이구오소대욕야

"나의 노인을 노인으로 대접하는 마음을 다른 사람의 노인에게까지 미치며, 나의 어린이를 어린이로 대접하는 마음을 다른 사람의 어린이에게까지 미치면, 천하를 손바닥 위에서 움직일 수 있을 것입니다.

『시경』에 이르기를 '아내에게 모범이 되어/ 형제에 미치게 해서 집과 나라를 다스린다'고 하였는데, 이 마음을 들어서 저기에 적용할 뿐인 것을 말한 것입니다. 그러므로 은혜를 미루어 옮기면 충분히 사해를 보전할 수 있고, 은혜를 미루어 옮기지 못하면 처자도 보전하지 못할 것입니다.

옛사람이 다른 사람보다 크게 뛰어났던 것은, 다름이 아니라 자신이 하는 바를 잘 미루어 옮겼기 때문입니다. 이제 은혜가 금수에게까지 충분히 미치면서도 백성에게 공이 이르지 못하는 것은 유독 어째서입니까?"

| 『시경』: 文王편 思齊시. | 刑: 본받을 형.

"저울로 단 다음에 가볍고 무거움을 알며, 자로 잰 다음에 길고 짧음을 압니다. 만물이 다 그렇지만 마음이 더 심하니, 왕께서는 청하건대 헤아리십시오."

| 度: 자로 잴 도.

"아니면 왕께서는 군대를 일으키며 군사와 신하를 위태롭게 하여 제후와 원망을 맺은 다음에야 마음이 유쾌하시겠습니까?"

선왕이 말하였다. "아닙니다. 내가 어찌 그렇게 하고 유쾌하겠습니까? 장차 내가 크게 하고자 하는 것을 구하려는 것입니다."

曰 王之所大欲을 可得聞與잇가?
왈 왕지소대욕 가득문여

王이 笑而不言하신대 曰 爲肥甘이 不足於口與며
왕 소이불언   왈 위비감 부족어구여

輕煖이 不足於體與잇가? 抑爲采色이 不足視於
경난   부족어체여   억위채색   부족시어

目與며 聲音이 不足聽於耳與며 便嬖ㅣ 不足使
목여   성음   부족청어이여   편폐   부족사

令於前與잇가? 王之諸臣이 皆足以供之하나니 而
령어전여   왕지제신   개족이공지   이

王은 豈爲是哉시리잇고? 曰否라. 吾不爲是也로이다.
왕 기위시재   왈부   오불위시야

曰 然則王之所大欲을 可知已니 欲辟土地하며
왈 연즉왕지소대욕   가지이   욕벽토지

朝秦楚하야 莅中國而撫四夷也로소이다. 以若所
조진초   이중국이무사이야   이약소

爲로 求若所欲이면 猶緣木而求魚也니이다.
위   구약소욕   유연목이구어야

王曰 若是其甚與잇가?
왕왈 약시기심여

曰 殆有甚焉하니 緣木求魚는 雖不得魚나 無後
왈 태유심언   연목구어   수부득어   무후

災어니와 以若所爲로 求若所欲이면 盡心力而爲
재   이약소위   구약소욕   진심력이위

之라도 後必有災하리이다.
지   후필유재

맹자가 말하였다. "왕께서 크게 하고자 하시는 것을 들을 수 있겠습니까?"

왕이 웃기만 하고 말하지 아니하였다. 맹자가 말하였다. "기름지고 맛있는 음식이 입을 만족시키지 못하며, 가볍고 따뜻한 옷이 몸을 만족시키지 못하기 때문입니까? 아니면 아름답게 꾸민 여인이 눈에 보이는 것이 만족하지 못하며, 음악이 귀에 들리는 것이 만족하지 못하며, 시중들고 총애하는 사람을 앞에 부리는 것이 만족하지 못하기 때문입니까? 왕의 신하들이 그것들을 다 충분히 제공하니, 왕께서 어찌 이것 때문이시겠습니까?"

선왕이 말하였다. "아닙니다. 내가 이것 때문이 아닙니다."

맹자가 말하였다. "그러면 왕께서 크게 하고자 하시는 것을 알 수 있겠습니다. 토지를 개간하며 진나라와 초나라를 조회하게 하여, (그 힘을 바탕으로) 중국에 임하여 사방의 오랑캐를 어루만지고자 하시는 것입니다. 이렇게 하는 것(군대를 일으켜 제후와 원망을 맺는 것)으로 크게 하고자 하는 것(천자가 되는 것)을 구한다면, 나무에 올라 물고기를 구하는 것과 같습니다."

선왕이 말하였다. "이같이 심합니까?"

맹자가 말하였다. "심함이 있습니다. 나무에 올라가서 물고기를 구하는 것은 비록 물고기를 얻지 못하더라도 뒷날의 재앙은 없겠지만, 이렇게 하는 것으로 크게 하고자 하는 것을 구하면, 마음과 힘을 다하여 하더라도 뒤에 반드시 재앙이 있을 것입니다."

曰 可得聞與잇가?
왈 가득문여

曰 鄒人이 與楚人戰則王은 以爲孰勝이니잇고?
왈 추인 여초인전즉왕 이위숙승

曰 楚人이 勝하리이다.
왈 초인 승

曰 然則小固不可以敵大며 寡固不可以敵衆
왈 연즉소고불가이적대 과고불가이적중

이며 弱固不可以敵强이니 海內之地] 方千里
약고불가이적강 해내지지 방천리

者] 九에 齊] 集有其一하니 以一服八이 何以
자 구 제 집유기일 이일복팔 하이

異於鄒敵楚哉리잇고? 蓋亦反其本矣니이다.
이어추적초재 개역반기본의

今王이 發政施仁하사 使天下仕者로 皆欲立於
금왕 발정시인 사천하사자 개욕립어

王之朝하며 耕者로 皆欲耕於王之野하며 商賈로
왕지조 경자 개욕경어왕지야 상고

皆欲藏於王之市하며 行旅로 皆欲出於王之途
개욕장어왕지시 행려 개욕출어왕지도

하시면 天下之欲疾其君者] 皆欲赴愬於王하리
천하지욕질기군자 개욕부소어왕

니 其如是면 孰能禦之리잇고?
기여시 숙능어지

선왕이 말하였다. "이유를 들을 수 있겠습니까?"

맹자가 말하였다. "추나라 사람이 초나라 사람과 더불어 싸우면 왕께서는 누가 이기리라고 생각하십니까?"

선왕이 말하였다. "초나라 사람이 이길 것입니다."

맹자가 말하였다. "그렇다면 작은 것은 진실로 큰 것을 대적하지 못하며, 적은 것이 진실로 많은 것을 대적하지 못하며, 약한 것이 진실로 강한 것을 대적하지 못하는 것입니다. 중국의 땅에 사방이 천리인 나라가 아홉인데, 제나라를 다 모아도 그 아홉 중의 하나를 소유한 것이니, 하나로 (나머지) 여덟을 항복하게 하는 것이, 어찌 추나라가 초나라를 대적하는 것과 다르겠습니까? 또한 그 근본(왕도)으로 돌아가야 (천하의 왕 노릇 하는 것이 가능)할 것입니다."

> 殆·蓋 : 발어사로 쓰임.

"지금 왕께서 정령을 발하며 일을 베풀어서, 천하의 벼슬하는 자로 하여금 다 왕의 조정에 서고자 하게 하며, 경작하는 자로 하여금 다 왕의 들에서 경작하고자 하게 하며, 장사하는 사람으로 하여금 다 왕의 시장에 저장하고자 하게 하며, 나그네로 하여금 다 왕의 길에 나오고자 하게 하면, 천하에 그 임금을 미워하는 자가 다 왕에게 달려와서 하소연하려고 할 것입니다. 이와 같으면 누가 이것을 막을 수 있겠습니까?"

[1] 양혜왕 상

王曰 吾惛하야 不能進於是矣로니 願夫子는 輔
왕왈 오혼   불능진어시의   원부자   보

吾志하야 明以教我하소서. 我雖不敏이나 請嘗試
오지   명이교아   아수불민   청상시

之호리이다.
지

曰 無恒産而有恒心者는 惟士ㅣ 爲能이어니와 若
왈 무항산이유항심자 유사   위능   약

民則無恒産이면 因無恒心이니 苟無恒心이면 放
민즉무항산   인무항심   구무항심   방

辟邪侈를 無不爲己니 及陷於罪然後에 從而
벽사치   무불위이   급함어죄연후   종이

刑之면 是는 罔民也니 焉有仁人이 在位하야 罔
형지 시   망민야   언유인인   재위   망

民을 而可爲也리오?
민   이가위야

是故로 明君이 制民之産호대 必使仰足以事父
시고   명군   제민지산   필사앙족이사부

母하며 俯足以畜妻子하야 樂歲에 終身飽하고 凶
모   부족이흑처자   낙세   종신포   흉

年에 免於死亡하나니 然後에 驅而之善故로 民之
년   면어사망   연후   구이지선고   민지

從之也ㅣ 輕하니이다. 今也에 制民之産호대 仰不
종지야   경   금야   제민지산   앙부

足以事父母하며 俯不足以畜妻子하야 樂歲에
족이사부모   부부족이흑처자   낙세

선왕이 말하였다. "내가 어리석어서 그런 경지에 나가지 못하니, 원하건대 선생은 내 뜻을 도와서 밝게 나를 가르쳐 주십시오. 내가 비록 영민하지 못하나, 청하건대 한번 가르쳐 주신 대로 시험해 보겠습니다."

맹자가 말하였다. "일정한 생업이 없어도 일정한 마음을 갖는 것은 오직 선비가 그렇게 할 수 있지만, 백성과 같은 경우는 일정한 생업이 없으면 그로 인하여 일정한 마음이 없게 됩니다. 진실로 일정한 마음이 없으면 방탕하고 편벽되며 사치를 하지 아니함이 없을 것입니다. 죄에 빠지게 한 뒤에 죄에 따라 형벌을 가하면 이는 백성을 그물질해서 잡는 것이니, 어찌 어진 사람이 위에 있으면서 백성을 그물질 할 수 있겠습니까?"

▌ 恒産 : 안정되고 일정한 직업(≒常生之業)
▌ 恒心 : 변하지 않는 선한 마음(常有之善心).

"그러므로 밝은 임금이 백성의 생업을 만들어 주는데, 반드시 위로는 충분히 부모를 섬길 수 있고 아래로는 충분히 처자를 기를 수 있어서, 풍년에 1년 내내 몸이 배부르고 흉년에도 굶어 죽는 것을 면하게 합니다. 그런 후에 이끌어서 착한 데로 가게 하기 때문에 백성이 임금을 따라가기가 쉽습니다.

이제 백성의 생업을 만들어 주는데, 위로는 부모를 충분히 섬기지 못하며 아래로는 처자를 충분히 기르지 못하여, 풍년에도 1년 내내 괴롭고 흉년에는 죽는 것을 면하지 못하게 합니다.

終身苦하고 凶年에 不免於死亡하나니 此惟救死
종신고   흉년   불면어사망   차유구사

而恐不贍이어니 奚暇에 治禮義哉리오? 王欲行之
이공불섬   해가   치례의재   왕욕행지

則盍反其本矣니잇고?
즉합반기본의

五畝之宅에 樹之以桑이면 五十者ㅣ 可以衣帛
오묘지택   수지이상   오십자   가이의백

矣며 雞豚狗彘之畜을 無失其時면 七十者ㅣ 可
의   계돈구체지휵   무실기시   칠십자   가

以食肉矣며 百畝之田을 勿奪其時면 八口之
이식육의   백묘지전   물탈기시   팔구지

家ㅣ 可以無飢矣며 謹庠序之敎하야 申之以孝
가   가이무기의   근상서지교   신지이효

悌之義면 頒白者ㅣ 不負戴於道路矣리니 老者
제지의   반백자   불부대어도로의   노자

ㅣ 衣帛食肉하며 黎民이 不飢不寒이요 然而不王
  의백식육   여민   불기불한   연이불왕

者ㅣ 未之有也니이다.
자   미지유야

이는 오직 굶어죽는 것을 구원하는데도 넉넉하지 못할까 두려우니, 어느 겨를에 예의를 다스리겠습니까? 왕께서 행하고자 하시면 어찌 그 근본으로 돌아가지 아니하십니까?"

▍盍 : 어찌 아니할 합.

"오 묘의 집둘레에 뽕나무를 심으면 나이 오십인 사람이 비단옷을 입을 수 있으며, 닭과 돼지와 개를 기르는데 번식할 때를 잃지 않으면 나이 칠십인 사람이 고기를 먹을 수 있습니다. 백 묘의 밭에 그 경작하는 때를 빼앗지 않으면 여덟 식구의 집이 굶주리지 않을 수 있으며, 학교의 가르침을 조심스럽게 해서 효도와 공손의 의리를 거듭 가르치면, 머리가 희끗희끗한 사람이 길에서 짐을 지거나 이지 않을 것입니다. 늙은이가 비단을 입고 고기를 먹으며, 젊은 백성이 굶주리지 않고 춥지 않은데도, 왕노릇을 못할 사람은 있지 않을 것입니다."

▍③장(28쪽)과 내용이 같은데, 數口→八口, 七十→老者의 세 글자만 다르다.

2. 梁惠王章句 下

① 莊暴1 見孟子曰 暴1 見於王호니 王이 語暴
   장포 견맹자왈 포 현어왕   왕 어포

以好樂이어시늘 暴1 未有以對也호니 曰 好樂이
이호악   포 미유이대야   왈 호악

何如하니잇고?
하여

孟子1 曰王之好樂이 甚則齊國은 其庶幾乎인져!
맹자 왈왕지호악   심즉제국   기서기호

他日에 見於王曰 王이 嘗語莊子以好樂하사소니
타일 현어왕왈 왕   상어장자이호악

有諸잇가?
유저

王이 變乎色曰 寡人이 非能好先王之樂也라
왕   변호색왈 과인   비능호선왕지악야

直好世俗之樂耳로이다.
직호세속지악이

曰 王之好樂이 甚則齊其庶幾乎인져! 今之樂이
왈 왕지호악 심즉제기서기호   금지악

由古之樂也니이다.
유고지악야

54

1. 양혜왕장구 상(7장)

[1] 양혜왕 상

손에 잡히는 경전 시리즈 ❽-❾

맹자
맨 앞부분 입니다.

① 맹자가 양나라 혜왕을 만나보니 왕이 말했다. "장로長老께서 천리를 멀다 않고 오셨으니, 장차 내 나라를 이롭게 해주실 수 있겠습니까?"
맹자가 대답하여 말하였다. "왕은 어찌 꼭 이익을 말씀하십니까? 또한 인과 의가 있을 뿐입니다."

▎ 叟 : 장로 수.

"왕께서 '어떻게 내 나라를 이롭게 할까?' 하시면, 대부가 말하기를 '어떻게 나의 집안을 이롭게 할까?' 하며, 하급 관리와 서민이 말하기를 '어떻게 나의 몸을 이롭게 할까?' 하여, 상하가 서로 이익을 취하면 나라가 위태롭게 될 것입니다.
만승의 나라에서 그 임금을 죽이는 자는 반드시 천승의 집이고, 천승의 나라에서 그 임금을 죽이는 자는 반드시 백승의 집이니, (천승의 집이) 만승에서 천승을 취하고, (백승의 집이) 천승에서 백승을 취하는 것이 많지 않은 것이 아닌데도, 진실로 의를 뒤로 하고 이익을 앞세우면 (그 임금의 것을) 다 빼앗지 않고서는 만족하지 않을 것입니다."

▎ 征 : 취할 정. 乘 : 수레 승.

부록
❶ 인물색인
❷ 맹자자구색인

21

『손에 잡히는 맹자』한 눈에 원문과 해석을 함께 볼 수 있으며, 정확한 음을 달아서 가지고 다니며 외우기 쉽도록 하였습니다.

- 대유학당 서적구매 www.daeyou.or.kr
- 연락처 02-2249-5630
- 계좌번호 국민 807-21-0290-497(윤상철)

1. 梁惠王章句 上

① 孟子ㅣ 見梁惠王하신대 王曰 叟ㅣ 不遠千里而
맹자 견양혜왕 왕왈 수 불원천리이

來하시니 亦將有以利吾國乎잇가
래 역장유이리오국호

孟子ㅣ 對曰 王은 何必曰利잇고 亦有仁義而
맹자 대왈 왕 하필왈리 역유인의이

已矣니이다.
이 의

王曰 何以利吾國고하시면 大夫ㅣ 曰 何以利吾
왕왈 하이리오국 대부 왈 하이리오

家오하며 士庶人이 曰 何以利吾身고하야 上下ㅣ
가 사서인 왈 하이리오신 상하

交征利면 而國이 危矣리이다.
교정리 이국 위의

萬乘之國에 弑其君者는 必千乘之家요 千乘
만승지국 시기군자 필천승지가 천승

之國에 弑其君者는 必百乘之家니 萬取千焉하
지국 시기군자 필백승지가 만취천언

며 千取百焉이 不爲不多矣언마는 苟爲後義而
천취백언 불위부다의 구위후의이

2. 양혜왕장구 하(16장)

① 장포가 맹자를 뵙고 말하였다. "제가 왕을 뵈니, 왕께서 저에게 '음악을 좋아한다'고 말씀하셨는데, 제가 대답하지 못하였습니다. 왕께서 음악을 좋아하는 것은 어떻습니까?"

맹자가 말하였다. "왕께서 음악을 좋아하시는 것이 심하면 제나라는 거의 다스려질 것입니다."

다른 날에 선왕을 보고 말하였다. "왕께서 일찍이 장선생(장포)에게 음악을 좋아한다고 말씀하셨다고 하니, 그렇습니까?"

선왕이 얼굴빛을 변하며 말하였다. "과인은 선왕先王의 음악을 좋아하는 것이 아니라, 다만 세속의 음악을 좋아할 뿐입니다."

맹자가 말하였다. "왕께서 음악을 좋아하는 것이 심하면 제나라가 거의 다스려질 것입니다. 지금의 음악이 옛날의 음악과 같습니다."

▎莊暴 : 제나라 선왕의 신하. ▎庶幾 : 거의 가까움. ▎直 : 다만 직 ▎今之樂 : 세속의 음악 ▎由 : 같을 유(=猶) ▎古之樂 : 선왕先王의 음악.

曰 可得聞與잇가?
왈 가득문여

曰 獨樂樂과 與人樂樂이 孰樂이니잇고?
왈 독악락 여인악락 숙락

曰 不若與人이니이다.
왈 불약여인

曰 與少樂樂과 與衆樂樂이 孰樂이니잇고?
왈 여소악락 여중악락 숙락

曰 不若與衆이니이다.
왈 불약여중

臣이 請爲王言樂호리이다. 今王이 鼓樂於此어시든
신 청위왕언악   금왕   고악어차

百姓이 聞王의 鍾鼓之聲과 管籥之音하고 擧疾
백성 문왕   종고지성   관약지음   거질

首蹙頞而相告曰 吾王之好鼓樂이여! 夫何使
수축알이상고왈 오왕지호고악   부하사

我로 至於此極也오하야 父子ㅣ 不相見하며 兄弟
아   지어차극야   부자   불상견   형제

妻子ㅣ 離散하며 今王이 田獵於此어시든 百姓이
처자   이산   금왕   전렵어차   백성

聞王의 車馬之音하며 見羽旄之美하고 擧疾首
문왕   거마지음   견우모지미   거질수

蹙頞而相告曰 吾王之好田獵이여! 夫何使我로
축알이상고왈 오왕지호전렵   부하사아

至於此極也오하야 父子ㅣ 不相見하며 兄弟妻子
지어차극야   부자   불상견   형제처자

왕이 말하였다. "이유를 들려주실 수 있겠습니까?"

맹자가 말하였다. "홀로 음악을 즐김과 사람들과 더불어 음악을 즐김 중에 어느 것이 더 즐겁습니까?"

왕이 말하였다. "사람들과 더불어 즐기는 것만 같지 못합니다."

맹자가 말하였다. "적은 사람들과 더불어 음악을 즐김과 많은 사람들과 더불어 음악을 즐김이 어느 것이 더 즐겁습니까?"

왕이 말하였다. "많은 사람들과 더불어 하는 것만 같지 못합니다."

"신이 청하건대 왕을 위하여 음악에 대해 말하겠습니다. 이제 왕께서 이곳에서 음악을 연주하시면, 백성이 왕의 종과 북의 소리와 피리 소리를 듣고 다 머리를 아파하며 이마를 찌푸려 서로 고하여 말하기를 '우리 왕이 음악을 연주하기를 좋아함이여! 어찌 우리로 하여금 이 곤궁함에 이르게 하는가?' 하여, 부자가 서로 보지 못하며 형제와 처자가 흩어집니다.

이제 왕께서 이곳에서 사냥을 하시면, 백성이 왕의 수레와 말의 소리를 들으며 깃발의 아름다움을 보고 다 머리를 아파하며 이마를 찌푸려 서로 고하여 말하기를 '우리 왕이 사냥을 좋아함이여! 어찌 우리로 하여금 이 곤궁함에 이르게 하는가?' 하여, 부자가 서로 보지 못하며 형제와 처자가 흩어진다면, 이것은 다름이 아니라 백성과 더불어 한 가지로 즐거워하지 않기 때문입니다."

| 極 : 곤궁할 극(≒窮) | 擧 : 모두 거 | 蹙 : 찌푸릴 축
| 頞 : 이마 알 | 田 : 사냥 전

離散하면 **此**는 **無他**라 **不與民同樂也**니이다.
이 산   차   무 타   불 여 민 동 락 야

今王이 鼓樂於此어시든 百姓이 聞王의 鍾鼓之聲
금 왕   고악어차   백성   문왕 종고지성

과 管籥之音하고 擧欣欣然有喜色而相告曰
　 관약지음　　　거흔흔연유희색이상고왈

吾王이 庶幾無疾病與아? 何以能鼓樂也오하며
오 왕 서기무질병여   하이능고악야

今王이 田獵於此어시든 百姓이 聞王의 車馬之音
금 왕 전렵어차   백성   문왕   거마지음

하며 見羽旄之美하고 擧欣欣然有喜色而相告
　　 견우모지미   거흔흔연유희색이상고

曰 吾王이 庶幾無疾病與아? 何以能田獵也오
왈 오왕 서기무질병여   하이능전렵야

하면 此는 無他라 與民同樂也니이다. 今王이 與百
　　 차   무타   여민동락야   금왕   여백

姓同樂則王矣시리이다.
성동락즉왕의

② 齊宣王이 問曰 文王之囿ㅣ 方七十里라하니 有
　 제선왕   문왈 문왕지유   방칠십리   유

諸잇가?
저

孟子ㅣ對曰 於傳에 有之하니이다.
맹 자 대왈 어전   유지

"이제 왕께서 이 곳에서 음악을 연주하시면, 백성이 왕의 종과 북의 소리와 피리 소리를 듣고 다 흔연히 기쁜 빛을 띠며 서로 고하여 말하기를 '우리 왕이 다행히 질병이 없으신가보다. (그렇지 않으면) 어떻게 음악을 연주 하시는가?'라고 합니다.

이제 왕께서 이곳에서 사냥을 하시면, 백성이 왕의 수레와 말의 소리를 들으면서 깃발의 아름다움을 보고 다 흔연히 기쁜 빛을 띠며 서로 고하여 말하기를 '우리 왕이 다행히 질병이 없으신가보다! (그렇지 않으면) 어떻게 사냥을 하시는가?'라고 하면, 이는 다름이 아니라 백성과 더불어 한 가지로 즐거워하기 때문입니다. 이제 왕께서 백성과 더불어 함께 즐거워하시면 왕노릇을 하실 것입니다."

▎ 與民同樂 : 백성과 함께 즐거워 함.

② 제나라 선왕이 물었다. "문왕의 동산이 사방 칠십 리였다고 하는데 그렇습니까?"

맹자가 대답하였다. "옛 글에 있습니다."

▎ 囿 : 새와 짐승을 기르는 곳. ▎ 傳 : 古書.

曰 若是其大乎잇가?
왈 약시기대호

曰 民이 猶以爲小也니이다.
왈 민 유이위소야

曰 寡人之囿는 方四十里로되 民이 猶以爲大는
왈 과인지유 방사십리 민 유이위대

何也잇고?
하야

曰 文王之囿ㅣ 方七十里에 芻蕘者ㅣ 往焉하며
왈 문왕지유 방칠십리 추요자 왕언

雉兔者ㅣ 往焉하야 與民同之하시니 民이 以爲小ㅣ
치토자 왕언 여민동지 민 이위소

不亦宜乎잇가?
불역의호

臣이 始至於境하야 問國之大禁然後에 敢入호니
신 시지어경 문국지대금연후 감입

臣이 聞郊關之內에 有囿 方四十里에 殺其麋
신 문교관지내 유유 방사십리 살기미

鹿者를 如殺人之罪라하니 則是方四十里로 爲
록자 여살인지죄 즉시방사십리 위

阱於國中이니 民이 以爲大ㅣ 不亦宜乎잇가?
정어국중 민 이위대 불역의호

왕이 말하였다. "그렇게 컸습니까?"

맹자가 말하였다. "백성이 오히려 작다고 하였습니다."

왕이 말하였다. "과인의 동산은 사방이 사십 리인데도 백성이 오히려 크다고 하는 것은 어째서입니까?"

맹자가 말하였다. "문왕의 동산이 사방 칠십 리였지만, 꼴 베고 나무 하는 자가 들어가며, 꿩과 토끼를 잡는 자가 들어가서, 백성과 더불어 함께 소유하니 백성이 작다고 하는 것이 또한 마땅하지 않습니까?"

▎ 芻 : 꼴 추(≒草) ▎ 蕘 : 섶나무 요(≒薪).

[2] 양혜왕 하

"신이 처음 제나라 국경에 이르러서 나라에서 크게 금하는 것을 물어본 다음에야 감히 들어왔습니다.

신은 들으니, 교외와 관문 사이에 있는 동산이 사방 사십 리인데, 그곳의 사슴을 죽이는 자를 사람을 죽인 죄와 같이 처벌한다고 합니다. 이것은 사방 사십 리로 나라 가운데 함정을 판 것이니, 백성이 크다고 하는 것이 또한 마땅하지 않습니까?"

▎ 郊 : 수도 밖 백리 ▎ 阱 : 구덩이를 파서 짐승을 빠지게 하는 곳.

③ 齊宣王이 問曰 交鄰國이 有道乎잇가?
제선왕 문왈 교린국 유도호

孟子ㅣ 對曰 有하니 惟仁者ㅣ 爲能以大事小하나
맹자 대왈유   유인자 위능이대사소

니 是故로 湯이 事葛하시고 文王이 事昆夷하시니이다.
  시고 탕 사갈   문왕 사곤이

惟智者아 爲能以小事大하나니 故로 大王이 事獯
유지자 위능이소사대   고 태왕 사훈

鬻하시고 句踐이 事吳하니이다.
육   구천 사오

以大事小者는 樂天者也요 以小事大者는 畏
이대사소자 낙천자야 이소사대자 외

天者也니 樂天者는 保天下하고 畏天者는 保其
천자야 낙천자 보천하   외천자 보기

國이니이다. 詩云 畏天之威하야 于時保之라하니이다.
국   시운 외천지위   우시보지

王曰 大哉라 言矣여! 寡人이 有疾호니 寡人은 好
왕왈 대재 언의   과인 유질   과인 호

勇하노이다.
용

對曰 王請無好小勇하소서. 夫撫劍疾視曰 彼
대왈 왕청무호소용   부무검질시왈 피

惡敢當我哉리오하나니 此는 匹夫之勇이라 敵一人
오감당아재   차 필부지용   적일인

者也니 王請大之하소서. 詩云 王赫斯怒하사 爰
자야 왕청대지   시운 왕혁사노   원

③ 제나라 선왕이 물었다. "이웃나라를 사귀는 데 도가 있습니까?"

맹자가 대답하였다. "있습니다. 오직 인한 자라야 큰 나라로 작은 나라를 섬길 수 있으니, 그러므로 탕이 갈족의 나라를 섬기시고 문왕이 곤이족을 섬기셨습니다. 오직 지혜로운 자라야 작은 나라로 큰 나라를 섬길 수 있으니, 그러므로 태왕이 훈육족을 섬기시고 구천이 오나라를 섬겼습니다."

▌葛 : 당시의 제후국 ▌昆夷 : 중국 서쪽 변경 민족 ▌太王 : 주나라 왕실의 선조인 고공단보, 추존해서 太王이라 한다. ▌獯鬻 : 중국 북부 유목민족 ▌句踐 : 월越왕의 이름.

"큰 나라로 작은 나라를 섬기는 자는 하늘을 즐거워하는 자이고, 작은 나라로 큰 나라를 섬기는 자는 하늘을 두려워하는 자입니다. 하늘을 즐거워하는 자는 천하를 보전하고 하늘을 두려워하는 자는 나라를 보전하는 것입니다. 『시경』에 이르기를, '하늘의 위엄을 두려워하여 이에 보전한다'고 하였습니다."

▌『시경』: 淸廟편 我將시 ▌時 : 이 시(≒是)

왕이 말하였다. "크도다, 말씀이여! 과인에게 병통이 있으니, 과인은 용맹을 좋아합니다."

맹자가 대답하였다. "왕께서는 청하건대 작은 용맹을 좋아하지 마십시오. 칼을 어루만지며 눈을 부릅뜨고 말하기를 '네가 어찌 감히 나를 당하겠는가?'라고 하니, 이는 필부의 용맹으로 한 사람을 대적하는 자입니다. 왕께서는 청하건대 좋아하기를 큰 용맹으로 하십시오.

『시경』에 이르기를 '왕이 발끈 노하여/ 이에 그 군대를 정돈하여/ 침략하러 가는 군대를 막아서/ 주나라의 복을 돈독하게 하여/ 천하 사람의 기대에 보답하였다'고 하니, 이는

整其旅하야 以遏徂莒하야 以篤周祜하야 以對于
정 기 려   이 알 조 려   이 독 주 호   이 대 우

天下라하니 此는 文王之勇也니 文王이 一怒而安
천 하   차   문 왕 지 용 야   문 왕   일 노 이 안

天下之民하시니이다.
천 하 지 민

書曰 天降下民하사 作之君作之師하산든 惟曰
서 왈 천 강 하 민   작 지 군 작 지 사   유 왈

其助上帝라 寵之四方이시니 有罪無罪에 惟我ㅣ
기 조 상 제   총 지 사 방   유 죄 무 죄   유 아

在커니 天下ㅣ 曷敢有越厥志리오하니 一人이 衡行
재   천 하   갈 감 유 월 궐 지   일 인   횡 행

於天下어늘 武王이 恥之하시니 此는 武王之勇也니
어 천 하   무 왕   치 지   차   무 왕 지 용 야

而武王이 亦一怒而安天下之民하시니이다.
이 무 왕   역 일 노 이 안 천 하 지 민

今王이 亦一怒而安天下之民하시면 民이 惟恐
금 왕   역 일 노 이 안 천 하 지 민   민   유 공

王之不好勇也리이다.
왕 지 불 호 용 야

문왕의 용맹입니다. 문왕은 한번 노하신 것으로 천하의 백성을 편안하게 하셨습니다."

▎疾視 : 눈을 부릅뜨고 봄.　▎『시경』: 文王편 皇矣시.
▎赫 : 발끈한 모양　▎爰 : 이에 원(≒於).　▎旅 : 군대 려
▎遏 : 막을 알(≒止)　▎徂 : 갈 조(≒往)　▎莒 : 무리 려(≒旅)
▎篤 : 두터울 독(≒厚)　▎祜 : 복 호(≒福).　▎對 : 보답할 대

"『서경』에 말하기를, '하늘이 백성을 내려주시면서, 임금을 만들어주시고 스승을 만들어주시며, 오직 말씀하기를 상제를 도와 사방에서 은총을 베풀라고 하셨다. 죄가 있는 것을 토벌하고 죄가 없는 것을 용서함이 오직 (상제의 명을 받은) 내게 달려 있으니, 천하가 어찌 감히 그 뜻을 어기겠는가?'라고 하였습니다.

한 사람이 천하에 횡행하자 무왕이 부끄러워하신 것이니, 이는 무왕의 용맹입니다. 무왕이 또한 한 번 노한 것으로 천하의 백성을 편안하게 하셨습니다. 이제 왕께서 또한 한 번 노하여 천하의 백성을 편안하게 하시면, 백성은 오직 왕께서 용맹을 좋아하지 않으실까 걱정할 것입니다."

▎『서경』: 周書편 泰誓 上　▎降 : 내릴 강(≒佑)
▎衡行 : 난을 일으킴(≒作亂).

[2] 양혜왕 하

④ 齊宣王이 見孟子於雪宮이러시니 王曰 賢者도
亦有此樂乎잇가?

孟子ㅣ 對曰 有하니 人不得則非其上矣니이다.

不得而非其上者도 非也며 爲民上而不與民

同樂者도 亦非也니이다.

樂民之樂者는 民亦樂其樂하고 憂民之憂者는

民亦憂其憂하나니 樂以天下하며 憂以天下하고

然而不王者ㅣ 未之有也니이다.

昔者에 齊景公이 問於晏子曰 吾欲觀於轉附

朝儛하야 遵海而南하야 放于琅邪하노니 吾何脩

而可以比於先王觀也오?

晏子ㅣ 對曰 善哉라! 問也여! 天子ㅣ 適諸侯曰

巡狩니 巡狩者는 巡所守也요 諸侯ㅣ 朝於天子

④ 제나라 선왕이 맹자를 설궁에서 만나 보았다.

왕이 말하였다. "어진 자도 또한 이런 즐거움이 있습니까?"

맹자가 대답하였다. "있습니다. (뿐만 아니라 보통) 사람들도 (이런 즐거움을) 얻지 못하면 윗사람을 비난합니다. 얻지 못하여 윗사람을 비난하는 자도 그르며, 백성의 윗사람이 되어서 백성과 더불어 함께 즐기지 않는 자도 또한 그른 것입니다."

▎雪宮 : 제나라 선왕의 별궁 이름.

[2] 양혜왕 하

"백성의 즐거움을 즐거워하는 임금은 백성 또한 임금의 즐거움을 즐거워하고, 백성의 근심을 근심하는 임금은 백성 또한 임금의 근심을 근심합니다. 천하가 즐거워하며 천하가 근심하니, 그렇게 하고서도 왕을 못할 자가 있지 않습니다."

"옛적에 제나라 경공이 안자에게 '내가 전부산과 조무산을 구경하고 바다를 따라 남으로 향하여 낭야에 이르고자 하는데, 내가 어떻게 닦아야 선왕들께서 순행하던 것과 비교할 수 있겠습니까?'라고 물었습니다.

안자는 '좋습니다. 물음이시여! 천자가 제후에게 가는 것을 순수라고 말하니, 순수는 지키는 경역을 순행하는 것입니다.'

▎晏子 : 제나라의 신하, 이름은 嬰. ▎轉附·朝儛 : 제나라 동쪽에 있는 산. ▎遵 : 따를 준(≒循). ▎放 : 이를 방(≒至).
▎琅邪 : 제나라 동남쪽 국경에 있는 읍. ▎觀 : 순행할 관(≒遊).

曰述職이니 述職者는 述所職也니 無非事者요
왈술직   술직자   술소직야   무비사자

春省耕而補不足하며 秋省斂而助不給하나니
춘성경이보부족   추성렴이조불급

夏諺에 曰吾王이 不遊며 吾何以休며 吾王이
하언   왈오왕   불유 오하이휴   오왕

不豫면 吾何以助리오? 一遊一豫l 爲諸侯度라
불예   오하이조   일유일예   위제후도

하니이다.

今也에는 不然하야 師行而糧食하야 飢者l 弗食
금야   불연   사행이양식   기자 불식

하며 勞者l 弗息하야 睊睊胥讒하야 民乃作慝이어
     노자 불식   견견서참   민내작특

늘 方命虐民하야 飮食若流하야 流連荒亡하야 爲
   방명학민   음식약류   유련황망   위

諸侯憂하나니이다.
제후우

從流下而忘反을 謂之流요 從流上而忘反을 謂
종류하이망반   위지류   종류상이망반   위

之連이요 從獸無厭을 謂之荒이요 樂酒無厭을 謂
지련   종수무염   위지황   낙주무염   위

之亡이니 先王은 無流連之樂과 荒亡之行하시더니
지망   선왕   무유련지락   황망지행

惟君所行也니이다.
유군소행야

'제후가 천자께 조회하는 것을 술직이라고 말하니, 술직은 맡은 일을 진술하는 것입니다. 순수하고 술직하는 것이 모두 일이 아님이 없는 것입니다. 봄에는 밭가는 것을 살펴서 부족함을 보충하며, 가을에는 거두는 것을 살펴서 미치지 못하는 것을 돕습니다. 하나라 속담에 말하기를, 우리 임금이 놀지 않으면 우리가 어떻게 쉬며, 우리 임금이 즐거워하지 않으면 우리가 어떻게 도움을 받겠는가? 한 번 놀며 한 번 즐거워하는 것이 제후의 법도가 된다고 하였습니다.'

▌ 述 : 진술할 술(≒陳) ▌ 省 : 살펴 볼 성(≒視) ▌ 斂 : 수확할 렴 ▌ 給 : 족할 급(≒足) ▌ 豫 : 즐길 예(≒樂).

'지금은 그렇지 않아서, 많은 군사가 가며 양식을 먹어서 굶주린 자가 먹지 못하고, 수고하는 자가 쉬지 못하여, 곁눈질하면서 서로 참소하여 마침내 백성이 원망하고 미워하는데도, 명령을 거스르고 백성을 학대하여 술마시고 음식먹기를 물흐르듯이 하여, 유련황망하게 놀아서 제후의 근심이 되고 있습니다.'

▌ 睊睊 : 곁눈질하는 모양. ▌ 慝 : 원망하고 미워함.
▌ 方 : 거역할 방(≒逆).

'물의 흐름을 따라 내려가서 돌아옴을 잊어버리는 것을 '류流'라 이르고, 물의 흐름을 따라 올라가서 돌아옴을 잊어버리는 것을 '련連'이라 이르고, 짐승을 따라 사냥해서 싫어함이 없는 것을 '황荒'이라 이르고, 술을 즐겨하여 싫어함이 없는 것을 '망亡'이라 이릅니다. 선왕은 유련의 즐거움과 황망의 행동이 없으셨으니, 오직 (선왕의 법을 따를 것인지, 지금의 폐단을 행할 것인지는) 임금의 행하심에 달린 것입니다.' "

景公이 說하야 大戒於國하고 出舍於郊하야 於是에
경공 열   대계어국   출사어교   어시

始興發하야 補不足하고 召大師曰 爲我하야 作君
시흥발   보부족   소태사왈 위아   작군

臣相說之樂하라하니 蓋徵招角招ㅣ 是也라. 其詩
신상열지악   개치소각소   시야   기시

曰 畜君何尤리오하니 畜君者는 好君也니이다.
왈 축군하우   축군자   호군야

⑤ 齊宣王이 問曰 人皆謂我毁明堂이라하나니 毁諸
제선왕   문왈 인개위아훼명당   훼저

아? 已乎잇가?
    이호

孟子ㅣ 對曰 夫明堂者는 王者之堂也니 王欲
맹자   대왈 부명당자   왕자지당야   왕욕

行王政則勿毁之矣소서.
행왕정즉물훼지의

王曰 王政을 可得聞與잇가? 對曰 昔者文王之
왕왈 왕정   가득문여   대왈 석자문왕지

治岐也에 耕者를 九一하며 仕者를 世祿하며 關市
치기야   경자   구일   사자   세록   관시

를 譏而不征하며 澤梁을 無禁하며 罪人을 不孥하더
   기이부정   택량   무금   죄인   불노

시니 老而無妻曰鰥이요 老而無夫曰寡요 老而
     노이무처왈환   노이무부왈과   노이

"경공이 기뻐하여 크게 나라에 고하고 교외에 나가 머물러서, 이에 비로소 창고를 열어 부족한 것을 도와주고 태사를 불러 말하기를, '나를 위하여 임금과 신하가 서로 기뻐하는 음악을 지으라'고 하니, 치소와 각소가 그것입니다. 그 시에 말하기를 '(안자가) 임금의 욕심을 그치게 한 것이 무슨 허물이 되겠는가?'라고 하니, '임금의 욕심을 그치게 한 것'이라 함은 '임금을 사랑하는 것'입니다."

▎ 大師 : 악사의 우두머리 관원. ▎ 畜 : 그칠 축.

⑤ 제나라 선왕이 물었다. "사람들이 다 나에게 이르기를 '명당을 헐어야 한다'고 하니, 헐어야 합니까, 헐지 말아야 합니까?"

맹자가 대답하였다. "명당은 왕노릇하는 사람의 집이니, 왕께서 왕정(왕도정치)을 행하고자 하면 헐지 마십시오."

왕이 말하였다. "왕정에 대해 들을 수 있겠습니까?"

맹자가 대답하였다. "옛적에 문왕이 기 땅을 다스릴 때에 밭가는 자에게 구분의 일을 받으며, 벼슬하는 자에게 대대로 봉록을 주며, 관문과 시장에서는 살피기만 하고 세금을 받지 않으며, 저수지와 어량에 들어가는 것을 금하지 않으며, 죄인을 처자까지 처벌하지 않으셨습니다.

늙고 아내 없는 이를 '환(홀아비)'이라 말하고, 늙고 지아비 없는 이를 '과(과부)'라고 말하고, 늙고 자식 없는 이를 '독

無子曰獨이요 幼而無父曰孤니 此四者는 天下
무자왈독 유이무부왈고 차사자 천하

之窮民而無告者어늘 文王이 發政施仁하사되 必
지궁민이무고자 문왕 발정시인 필

先斯四者하시니 詩云 哿矣富人이어니와 哀此煢
선사사자 시운 가의부인 애차경

獨이라하니이다.
독

王曰 善哉라. 言乎여!
왕왈 선재 언호

曰 王如善之則何爲不行이니잇고?
왈 왕여선지즉하위불행

王曰 寡人이 有疾호니 寡人은 好貨하노이다.
왕왈 과인 유질 과인 호화

對曰 昔者에 公劉ㅣ 好貨하더시니 詩云 乃積乃
대왈 석자 공류 호화 시운 내적내

倉이어늘 乃裹餱糧을 于橐于囊이오아 思戢用光하
창 내과후량 우탁우낭 사집용광

야 弓矢斯張하며 干戈戚揚으로 爰方啓行이라하니
궁시사장 간과척양 원방계행

故로 居者ㅣ 有積倉하며 行者ㅣ 有裹糧也然後
고 거자 유적창 행자 유과량야연후

에아 可以爰方啓行이니 王如好貨어시든 與百姓
가이원방계행 왕여호화 여백성

同之하시면 於王에 何有리잇고?
동지 어왕 하유

(무의탁자)'이라 말하고, 어리고 부모 없는 이를 '고(고아)'라고 말합니다. 이 네 부류의 사람들은 천하의 곤궁한 백성이고 호소할 데 없는 자인데, 문왕이 정사를 발하며 인仁을 베풀 때 반드시 이 네 부류의 사람들에게 먼저 하셨습니다. 『시경』에 이르기를 '괜찮구나, 부유한 사람들은!/ 가엾구나, 이 곤하고 고독한 사람들이!'라고 하였습니다."

[2] 양혜왕 하

▎譏 : 살필 기 ▎征 : 세금 정 ▎孥 : 처자 노 ▎『시경』: 祈父편 正月시 ▎哿 : 괜찮을 가(≒可) ▎㷀 : 곤할 경(≒惸).

제나라 선왕이 말하였다. "좋습니다, 이 말씀이여!"

맹자가 말하였다. "왕께서 좋게 여기신다면 어찌 행하지 않습니까?"

선왕이 말하였다. "과인이 병통이 있으니, 과인은 재물을 좋아합니다."

맹자가 대답하였다. "옛적에 공류公劉가 재물을 좋아하니, 『시경』에 이르기를 '들에도 쌓고 창고에도 쌓았거늘/ 마른 양식을 꾸려/ 전대와 자루에 담고서야/ 백성을 편안하게 하고 나라를 빛내고자/ 활과 화살을 이에 베풀며/ 방패와 창과 작은 도끼와 큰 도끼를 들고서/ 이에 비로소 길을 떠나네'라고 하였습니다.

그러므로 거처하는 자는 들에 쌓아두고 창고에 쌓아두며, 길을 떠나는 자는 마른 양식을 싼 이후에야 이에 바야흐로 길을 떠날 수 있는 것입니다. 왕께서 만일 재물을 좋아하시거든 백성과 더불어 함께 좋아하시면 왕을 하는데 무슨 어려움이 있겠습니까?"

▎公劉 : 후직의 증손. ▎『시경』: 生民편 公劉시. ▎乃 : 이에 내 ▎餱 : 마른양식 후 ▎橐 : 전대 탁 ▎囊 : 자루 낭.

王曰 寡人이 有疾호니 寡人은 好色하노이다.
왕왈 과인 유질   과인   호색

對曰 昔者에 大王이 好色하사 愛厥妃하더시니 詩
대왈 석자 태왕   호색   애궐비   시

云 古公亶父ㅣ 來朝走馬하사 率西水滸하야 至
운 고공단보   내조주마   솔서수호   지

于岐下하야 爰及姜女로 聿來胥宇라하니 當是時
우기하   원급강녀   율래서우   당시시

也하야 內無怨女하며 外無曠夫하니 王如好色이
야   내무원녀   외무광부   왕여호색

어시든 與百姓同之하시면 於王에 何有리잇고?
       여백성동지   어왕   하유

⑥ 孟子ㅣ 謂齊宣王曰 王之臣이 有託其妻子於
  맹자   위제선왕왈 왕지신   유탁기처자어

其友而之楚遊者ㅣ 比其反也하야 則凍餒其妻
기우이지초유자   비기반야   즉동뇌기처

子어든 則如之何잇고?
자   즉여지하

王曰 棄之니이다.
왕왈 기지

曰 士師ㅣ 不能治士어든 則如之何잇고?
왈 사사   불능치사   즉여지하

王曰 已之니이다.
왕왈 이지

선왕이 말하였다. "과인이 병이 있으니, 과인은 색을 좋아합니다."

맹자가 대답하였다. "옛적에 태왕大王이 색을 좋아하여 그 왕비를 사랑하였으니, 『시경』에 이르기를 '고공단보가/ 아침에 와서 말을 달려/ 서쪽 물가를 따라/ 기산 아래 이르러/ 이에 강녀와 더불어/ 거처할 곳을 보았다'라고 하였습니다. 그때를 당하여 집안에서는 원망하는(남편없는) 여자가 없었으며, 밖으로는 아내 없는 남자가 없었습니다. 왕께서 만일 색을 좋아하시거든 백성과 더불어 함께 좋아하시면 왕을 하는데 무슨 어려움이 있겠습니까?"

| 大王 : 공류의 9세손, 태왕은 무왕이 추존한 것임.
| 『시경』: 文王편 綿시 | 古公 : 태왕의 본래 칭호. | 亶父 : 태왕의 이름. | 姜女 : 태왕의 비 | 胥 : 살필 서(≒相).

⑥ 맹자가 제나라 선왕에게 말하였다. "왕의 신하 가운데 그 처자를 친구에게 부탁하고 초나라에 가서 노닌 자가 있는데, 돌아옴에 미쳐서 보니 곧 그 처자를 추위에 떨게 하고 굶주리게 했다면 어찌 해야 합니까?"

선왕이 말하였다. "절교하겠습니다."

맹자가 말하였다. "재판관의 우두머리가 재판관을 다스리지 못하면 어찌 해야 합니까?"

선왕이 말하였다. "파면할 것입니다."

| 託 : 맡길 탁 | 比 : 미칠 비(≒及) | 棄 : 끊을 기(≒絶).

曰 四境之內ㅣ 不治어든 則如之何잇고?
왈 사경지내   불치   즉여지하

王이 顧左右而言他하시다.
왕 고좌우이언타

⑦ 孟子ㅣ 見齊宣王曰 所謂故國者는 非謂有喬
  맹자   견제선왕왈 소위고국자   비위유교

木之謂也라 有世臣之謂也니 王無親臣矣샤소이
목지위야 유세신지위야   왕무친신의

다. 昔者所進을 今日에 不知其亡也온여!
    석자소진   금일   부지기망야

王曰 吾何以識其不才而舍之잇고?
왕왈 오하이식기부재이사지

曰 國君이 進賢호대 如不得已니 將使卑로 踰尊
왈 국군 진현   여부득이   장사비   유존

하며 疏로 踰戚이니 可不愼與잇가? 左右ㅣ 皆曰 賢
    소   유척   가불신여   좌우   개왈 현

이라도 未可也하며 諸大夫ㅣ 皆曰 賢이라도 未可也
      미가야   제대부   개왈 현   미가야

하고 國人이 皆曰 賢然後에 察之하야 見賢焉然
    국인 개왈 현연후   찰지   견현언연

後에 用之하며 左右ㅣ 皆曰 不可라도 勿聽하며 諸
후   용지   좌우 개왈 불가   물청   제

大夫ㅣ 皆曰 不可라도 勿聽하고 國人이 皆曰 不
대부   개왈 불가   물청   국인 개왈 불

맹자가 말하였다. "나라 안이 다스려지지 못하면 어찌 해야 합니까?"

선왕이 좌우를 돌아보며 다른 말을 했다.

⑦ 맹자가 제나라 선왕을 보고 말하였다. "이른바 오래된 나라는 큰 나무가 있는 것을 말하는 것이 아니라, 대대로 벼슬하는 신하가 있는 것을 말합니다. 그런데 왕께서는 가까운 신하도 없으십니다. 더구나 이전에 벼슬에 나온 사람 중에 오늘 그가 도망한 것도 알지 못하고 있습니다 그려!"

선왕이 말하였다. "(그들은 도망간 것도 모를 정도로 재주가 없는 사람이지만) 내가 어떻게 재주 있는 사람이 아닌 줄을 알아서 버리겠습니까?"

맹자가 말하였다. "임금이 어진 이를 벼슬시키되 마지 못해 하는 것 같이 해야 합니다. 장차 낮은 이로 높은 이를 뛰어넘겨 승진시키며, 성긴 이로써 친한 이를 뛰어넘겨 승진시켜야 할 것이니, 삼가지 않을 수 있겠습니까?

좌우가 다 말하기를 어질다고 하여도 옳다고 하지 않으며, 여러 대부가 다 어질다고 하여도 옳다고 하지 않으며, 나라 사람이 다 어질다고 한 이후에야 살펴서 어진 것을 본 뒤에 써야 합니다. 좌우가 다 말하기를 옳지 않다고 하여도 듣지 말며, 여러 대부가 다 옳지 않다고 하여도 듣지 말며, 나라 사람이 다 옳지 않다고 한 이후에야 살펴서 옳지 않음을 본 뒤에 버려야 합니다."

[2] 양혜왕 하

可然後_에 察之_{하야} 見不可焉然後_에 去之_{하며}
가연후 찰지 견불가언연후 거지

左右ㅣ 皆曰 可殺_{이라도} 勿聽_{하며} 諸大夫ㅣ 皆曰
좌우 개왈 가살 물청 제대부 개왈

可殺_{이라도} 勿聽_{하고} 國人_이 皆曰 可殺然後_에 察
가살 물청 국인 개왈 가살연후 찰

之_{하야} 見可殺焉然後_에 殺之_니 故_로 曰 國人_이
지 견가살언연후 살지 고 왈 국인

殺之也_{라하나이다.} 如此然後_에 可以爲民父母_{니이}
살지야 여차연후 가이위민부모

다.

⑧ 齊宣王_이 問曰 湯_이 放桀_{하시고} 武王_이 伐紂_{라하니}
제선왕 문왈 탕 방걸 무왕 벌주

有諸_{잇가?}
유저

孟子ㅣ 對曰 於傳_에 有之_{하니이다.}
맹자 대왈 어전 유지

曰 臣弑其君_이 可乎_{잇가?}
왈 신시기군 가호

曰 賊仁者_를 謂之賊_{이요} 賊義者_를 謂之殘_{이요}
왈 적인자 위지적 적의자 위지잔

殘賊之人_을 謂之一夫_니 聞誅一夫紂矣_요 未
잔적지인 위지일부 문주일부주의 미

[2] 양혜왕 하

"좌우가 다 말하기를 죽여야 한다고 하여도 듣지 말고, 모든 대부가 다 말하기를 죽여야 한다고 하여도 듣지 말며, 나라 사람이 다 말하기를 죽여야 한다고 한 이후에 살펴서 죽일 만한 것을 본 뒤에 죽여야 합니다. 그러므로 말하기를 '나라 사람이 죽인다'고 하였습니다. 이와 같이 한 이후에 백성의 부모라 할 수 있습니다."

⑧ 제나라 선왕이 물었다. "탕임금이 걸을 내치시고 무왕이 주를 치셨다고 하니, 그런 일이 있었습니까?"

맹자가 대답하였다. "경전에 있습니다."

선왕이 말하였다. "신하가 임금을 시해하는 것이 옳습니까?"

맹자가 말하였다. "인을 해롭게 하는 자를 적(해치는 자)이라고 말하고, 의를 해롭게 하는 자를 잔(손상시키는 자)이라고 말하고, 손상시키고 해치는 자를 일부(평범한 남자)라고 이르니, 일부인 주를 베었다는 것은 들었지만, 임금을 죽였다고 한 것은 듣지 못하였습니다."

▌放 : 내칠 방(≒置)　▌賊 : 해칠 적(≒害)
▌殘 : 상할 잔(≒傷).

聞弑君也케이다.
문 시 군 야

⑨ 孟子ㅣ 見齊宣王曰 爲巨室則必使工師로 求
맹자 견제선왕왈 위거실즉필사공사 구

大木하시리니 工師ㅣ 得大木則王이 喜하야 以爲能
대목 공사 득대목즉왕 희 이위능

勝其任也라하시고 匠人이 斲而小之則王이 怒하야
승기임야 장인 촉이소지즉왕 노

以爲不勝其任矣라하시니 夫人이 幼而學之는
이위불승기임의 부인 유이학지

壯而欲行之니 王曰 姑舍女의 所學하고 而從我
장이욕행지 왕왈 고사녀 소학 이종아

라하시면 則何如하니잇고?
즉하여

今有璞玉於此하면 雖萬鎰이라도 必使玉人彫琢
금유박옥어차 수만일 필사옥인조탁

之하시리니 至於治國家하야는 則曰 姑舍女의 所學
지 지어치국가 즉왈 고사녀 소학

하고 而從我라하시면 則何以異於敎玉人彫琢玉
이종아 즉하이이어교옥인조탁옥

哉잇고?
재

[2] 양혜왕 하

⑨ 맹자가 제나라 선왕을 보고 말하였다. "큰 궁궐을 지으려면 반드시 목수장으로 하여금 큰 나무를 구하게 하실 것입니다. 목수장이 큰 나무를 얻으면 왕께서 기뻐하여 임무를 잘 감당한다고 하시고, 목수가 깎아서 작게 만들면 왕께서 노하여 임무를 잘 감당하지 못한다고 하실 것입니다. 사람이 어려서 배우는 것은 장성하여 그것을 행하고자 하는 것인데, 왕께서 말하기를 '우선 네가 배운 것(正道)을 놓아두고 나를 따르라(공명과 이익)'고 하시면 어떻겠습니까?"

"지금 다듬지 않은 옥이 여기에 있으면, 비록 이십만 냥 짜리라도 반드시 옥공으로 하여금 쪼아 다듬게 하실 것입니다. 그런데 국가를 다스리는데 이르러서는 곧 말하기를 '우선 네가 배운 것을 놓아두고 나를 따르라'고 하시면, 어찌 옥공을 가르쳐서 옥을 쪼아 다듬는 것과 다르겠습니까? (혹, 왜 옥공에게 옥을 쪼아 다듬게 하는 것과는 다르게 하십니까?)"

▎璞玉 : 국가. ▎玉人 : 군자.

⑩ 齊人이 伐燕勝之어늘 宣王이 問曰 或謂寡人勿
　제인　벌연승지　　선왕　　문왈　혹위과인물

取라하며 或謂寡人取之라하나니 以萬乘之國으로
취　　　혹위과인취지　　　　이만승지국

伐萬乘之國호대 五旬而擧之하니 人力으로 不至
벌만승지국　　　오순이거지　　　인력　　부지

於此니 不取하면 必有天殃이니 取之何如하니잇고?
어차　 불취　　 필유천앙　　 취지하여

孟子ㅣ 對曰 取之而燕民이 悅則取之하소서. 古
맹자　 대왈 취지이연민　 열즉취지　　　　고

之人이 有行之者하니 武王이 是也니이다. 取之而
지인　 유행지자　　 무왕　 시야　　　　 취지이

燕民이 不悅則勿取하소서. 古之人이 有行之者하
연민　 불열즉물취　　　　 고지인　 유행지자

니 文王이 是也니이다. 以萬乘之國으로 伐萬乘之
　 문왕　 시야　　　　 이만승지국　　　 벌만승지

國이어늘 簞食壺漿으로 以迎王師는 豈有他哉리오?
국　　　 단사호장　　　 이영왕사　 기유타재

避水火也니 如水ㅣ 益深하며 如火ㅣ 益熱이면 亦
피수화야　 여수　　 익심　　 여화　　 익열　　 역

運而已矣니이다.
운이이의

⑩ 제나라 사람이 연나라를 쳐서 이겼다.

선왕이 물었다. "어떤 사람은 과인에게 취하지 말라고 말하고, 어떤 사람은 과인에게 취하라고 말합니다. 만승의 나라로 만승의 나라를 쳐서 오십 일 만에 이겼으니, 사람의 힘으로는 이에 이르지 못했을 것입니다. 취하지 않으면 반드시 하늘의 재앙이 있을 것이니, 취하는 것이 어떻겠습니까?"

[2] 양혜왕 하

맹자가 대답하였다. "취해서 연나라 백성이 기뻐하면 취하십시오. 옛 사람 가운데 (그렇게) 행한 자가 있으니, 무왕입니다. 취해서 연나라 백성이 기뻐하지 않으면 취하지 마십시오. 옛 사람 가운데 행한 자가 있으니, 문왕입니다.

만승의 나라로 만승의 나라를 치는데, 바구니에 밥을 담고 병에 간장을 담아 왕의 군대를 환영한 것은 어찌 다른 까닭이겠습니까? 물과 불(폭정)을 피한 것이니, 만약 물이 더욱 깊어지고 불이 더욱 뜨거워진다면(제나라의 폭정이 연나라의 폭정 보다 더 심해진다면) 또한 (그러한 환영이) 옮겨갈 뿐입니다."

▎ 簞 : 대그릇 단 ▎ 食 : 밥 사 ▎ 運 : 전향할 운.

⑪ 齊人이 伐燕取之한대 諸侯ㅣ 將謀救燕이러니
　제인　벌연취지　　제후　장모구연

宣王이 曰諸侯ㅣ 多謀伐寡人者하니 何以待之
선왕　왈제후　　다모벌과인자　　하이대지

잇고?

孟子ㅣ 對曰臣은 聞七十里로 爲政於天下者는
맹자　대왈신　　문칠십리　위정어천하자

湯이 是也니 未聞以千里로 畏人者也케이다.
탕　시야　미문이천리　외인자야

書에 曰湯이 一征을 自葛로 始하신대 天下ㅣ 信之
서　왈탕　일정　자갈　시　　　천하　신지

하야 東面而征에 西夷ㅣ 怨하며 南面而征에 北狄
　　동면이정　서이　원　　남면이정　북적

이 怨하야 曰奚爲後我오하야 民이 望之호대 若大旱
　원　　왈해위후아　　　민　망지　　약대한

之望雲霓也하야 歸市者ㅣ 不止하며 耕者ㅣ 不變
지망운예야　　귀시자　부지　　경자　불변

이어늘 誅其君而弔其民하신대 若時雨ㅣ 降이라 民이
　　　주기군이조기민　　　약시우　강　　민

大悅하니 書에 曰徯我后하다소니 后來하시니 其蘇라
대열　　서　왈혜아후　　　　후래　　　기소

하니이다.

今에 燕虐其民이어늘 王往而征之하시니 民이 以
금　연학기민　　　왕왕이정지　　　민　이

⑪ 제나라 사람이 연나라를 쳐서 취하니, 제후들이 장차 연나라를 구원하려고 꾀하였다.

선왕이 말하였다. "제후 가운데 과인을 치려고 꾀하는 자가 많으니, 어찌 대응해야 하겠습니까?"

맹자가 대답하였다. "신은 칠십 리로 천하에 정사를 한 자에 대해서 들었으니, 탕이 그런 사람입니다. 천 리를 소유하면서 다른 사람을 두려워하는 자에 대해서는 듣지 못하였습니다."

[2] 양혜왕 하

"『서경』에 말하기를 '탕이 처음 치는 것을 갈땅으로부터 시작하니 천하가 믿었습니다. 그래서 동으로 향하여 치심에 서이가 원망하며, 남으로 향하여 치심에 북적이 원망하여 말하기를, 어찌 우리를 나중에 정벌하는가 하였다'고 하였습니다. 백성이 바라기를 큰 가뭄에 구름과 무지개를 바라듯이 하여, 시장에 가는 자가 그만두지 아니하며 밭가는 자도 동요하지 아니하였습니다.

그 임금을 베고 그 백성을 위로하니, 때에 맞는 비가 내리는 것과 같아서 백성이 크게 기뻐하였습니다. 『서경』에 이르기를 '우리 임금을 기다렸는데, 임금이 오시니 다시 살아날 것이다!'라고 하였습니다."

▎『서경』: 商書편 仲虺之誥 ▎一征: 처음 침
▎后: 임금 후 ▎蘇: 다시 살아날 소.

"이제 연나라가 그 백성을 포학하게 하자 왕께서 가서 치시니, 그 백성이 장차 자기를 물과 불 가운데에서 구해줄 것이

85

爲將拯己於水火之中也라하여 簞食壺漿으로
위장증기어수화지중야　　　단사호장

以迎王師어늘 若殺其父兄하며 係累其子弟하며
이영왕사　　약살기부형　　계루기자제

毁其宗廟하며 遷其重器하면 如之何其可也리오?
훼기종묘　　천기중기　　여지하기가야

天下ㅣ 固畏齊之彊也니 今又倍地而不行仁
천하　　고외제지강야　　금우배지이불행인

政이면 是는 動天下之兵也니이다. 王速出令하사
정　　시　동천하지병야　　　　　왕속출령

反其旄倪하시며 止其重器하시고 謀於燕衆하야
반기모예　　　지기중기　　　모어연중

置君而後에 去之則猶可及止也리이다.
치군이후　거지즉유가급지야

---

⑫ 鄒ㅣ 與魯鬨이러니 穆公이 問曰 吾有司死者ㅣ
　추　여로홍　　　목공　　문왈 오유사사자

三十三人이로되 而民은 莫之死也하니 誅之則不
삼십삼인　　　이민　　막지사야　　주지즉불

可勝誅요 不誅則疾視其長上之死而不救하니
가승주　불주즉질시기장상지사이불구

如之何則可也잇고?
여지하즉가야

孟子ㅣ 對曰 凶年饑歲에 君之民이 老弱은 轉
맹자　　대왈 흉년기세　군지민　　노약　　전

라고 생각하여, 바구니에 밥을 담고 병에 간장을 담아 왕의 군사를 맞이하였습니다. 그런데 만일 그 부형을 죽이며 그 자제를 결박하며 그 종묘를 헐며 그 중요한 보물을 옮기면, 이와 같이 하는 것이 어찌 옳겠습니까?

(더구나) 천하가 진실로 제나라의 강함을 두려워하는데, 이제 또 땅을 배로 늘리고 어진 정사를 행하지 않으면, 이는 천하의 군사를 움직이도록 하는 것입니다. 왕께서 빨리 명령을 내려 늙은이와 어린이를 돌려보내시고, 중요한 보물을 옮기는 것을 그치시며, 연나라 사람들과 꾀하여 임금을 세운 후에 떠나시면, 오히려 군사의 움직임이 미치기 전에 그치게 할 수 있을 것입니다."

┃ 拯 : 구할 증(≒求) ┃ 係累 : 결박함 ┃ 重器 : 중요한 보물
┃ 反 : 돌려보낼 반 ┃ 旄 : 노인 모(≒耄) ┃ 倪 : 어린이 예.

⑫ 추나라가 노나라와 싸웠는데, 추나라 목공이 물었다. "나의 유사 가운데 죽은 자가 서른세 명인데, 백성은 죽지 않았습니다. 벤다고 하면 이루 다 벨 수 없고, 베지 않는다면 윗사람이 죽는데도 밉게 보고 구해주지 않았으니, 어찌하면 좋겠습니까?"

┃ 鬨 : 싸울 홍 ┃ 穆公 : 추나라 임금 ┃ 長上 : 有司.

맹자가 대답하였다. "흉년과 기근이 든 해에, 임금의 백성 중에 늙고 약한 자는 웅덩이와 골짜기에 구르고, 젊은이는 흩

乎溝壑하고 壯者는 散而之四方者ㅣ 幾千人矣
호 구 학   장 자   산 이 지 사 방 자   기 천 인 의

요 而君之倉廩이 實하며 府庫ㅣ 充이어늘 有司ㅣ 莫
    이 군 지 창 름   실   부 고   충   유 사   막

以告하니 是上慢而殘下也니 曾子ㅣ 曰 戒之
이 고   시 상 만 이 잔 하 야   증 자   왈 계 지

戒之하라! 出乎爾者ㅣ 反乎爾者也라하시니 夫民
계 지   출 호 이 자   반 호 이 자 야   부 민

今而後에 得反之也로소니 君無尤焉하소서. 君行
금 이 후   득 반 지 야   군 무 우 언   군 행

仁政하시면 斯民이 親其上하야 死其長矣리이다.
인 정   사 민   친 기 상   사 기 장 의

---

⑬ 滕文公이 問曰 滕은 小國也라 間於齊楚하니 事
   등 문 공   문 왈 등   소 국 야   간 어 제 초   사

齊乎잇가? 事楚乎잇가?
제 호   사 초 호

孟子ㅣ 對曰 是謀는 非吾의 所能及也로소이다. 無
맹 자   대 왈 시 모   비 오   소 능 급 야   무

已則有一焉하니 鑿斯池也하며 築斯城也하야 與
이 즉 유 일 언   착 사 지 야   축 사 성 야   여

民守之하야 效死而民弗去則是可爲也니이다.
민 수 지   효 사 이 민 불 거 즉 시 가 위 야

어져 사방으로 간 자가 몇 천 명이나 됩니다. 임금의 곡식 창고가 가득 차고 물건 창고가 충만하였는데도, 유사가 (백성을 위해) 고하지 않았으니 이는 윗사람이 태만하여 아랫사람에게 잔학하게 대한 것입니다. 증자가 말하기를 '경계하며 경계하라. 네게서 나온 것이 네게로 돌아간다'고 하셨습니다. 백성이 이제야서야 되돌려 줄 수 있게 된 것이니, 임금은 허물하지 마십시오. 임금이 인정을 행하시면 이 백성이 그 윗사람을 친애하여 윗사람을 위해 죽을 것입니다."

■ 轉 : 굶주려서 전전하다가 죽음　■ 充 : 충만할 충(≒滿).
■ 上 : 임금 및 유사　■ 尤 : 허물 우(≒過).

⑬ 등나라 문공이 물었다. "등나라는 작은 나라입니다. 제나라와 초나라 사이에 있으니, 제나라를 섬겨야 합니까? 초나라를 섬겨야 합니까?"

맹자가 대답하였다. "이 꾀는 제가 미칠 수 있는 것이 아닙니다. 그만두라고 하지 않으신다면, 한 가지 방법이 있습니다. 해자를 파고 성을 쌓아서 백성과 더불어 지켜서 죽기에 이르도록 백성이 떠나가지 않는다면 해볼 만합니다."

■ 效 : 이를 효(≒致).

⑭ 滕文公이 問曰 齊人이 將築薛하니 吾ㅣ 甚恐하노
   등문공 문왈 제인 장축설 오 심공

   니 如之何則可잇고?
   여지하즉가

   孟子ㅣ 對曰 昔者에 大王이 居邠하실새 狄人이 侵
   맹자 대왈 석자 태왕 거빈 적인 침

   之어늘 去하시고 之岐山之下하사 居焉하시니 非擇而
   지 거 지기산지하 거언 비택이

   取之라 不得已也시니이다.
   취지 부득이야

   苟爲善이면 後世子孫이 必有王者矣리니 君子ㅣ
   구위선 후세자손 필유왕자의 군자

   創業垂統하야 爲可繼也라 若夫成功則天也니
   창업수통 위가계야 약부성공즉천야

   君如彼에 何哉리오? 彊爲善而已矣니이다.
   군여피 하재 강위선이이의

⑮ 滕文公이 問曰滕은 小國也라 竭力하야 以事大
   등문공 문왈등 소국야 갈력 이사대

   國이라도 則不得免焉이로소니 如之何則可잇고?
   국 즉부득면언 여지하즉가

   孟子ㅣ 對曰 昔者에 大王이 居邠하실새 狄人이 侵
   맹자 대왈 석자 태왕 거빈 적인 침

   之어늘 事之以皮幣라도 不得免焉하며 事之以犬
   지 사지이피폐 부득면언 사지이견

⑭ 등나라 문공이 물었다. "제나라 사람이 장차 설땅에 성을 쌓으려고 하니, 내가 심히 두렵습니다. 어찌하면 좋겠습니까?"

맹자가 대답하였다. "옛적에 태왕이 빈땅에 거할 때 적인이 침략하자 그곳을 떠나 기산 아래에 가서 거하니, 선택해서 취한 것이 아니라 마지못해 한 것입니다."

▎薛 : 나라 이름으로 등나라와 가까웠는데 제나라가 그 땅을 탈취하고 성을 쌓았다. ▎邠 : 땅 이름 빈.

"진실로 착한 일을 하면 후세 자손 중에 반드시 왕을 할 자가 있을 것이니, 군자는 기업을 창건하여 전통을 내려주어 잇게 할 뿐입니다. 공을 이루는 것은 하늘에 달려 있으니, 임금께서 저들에 대해 어찌 하시겠습니까? 힘써 선을 행하실 뿐입니다."

⑮ 등나라 문공이 물었다. "등나라는 작은 나라이기 때문에, 힘을 다하여 큰 나라를 섬겨도 (침탈을) 면하지 못할 것이니, 어찌하면 좋겠습니까?"

맹자가 대답하였다. "옛적에 태왕이 빈에 거할 때 적인이 침범하자, 가죽과 폐백을 바쳐 섬겨도 (침범을) 면하지 못하고, 개와 말을 바쳐 섬겨도 면하지 못하며, 주옥을 바쳐 섬겨도 면하지 못하여, 그 덕 높은 노인들을 모아 고하였습니다. '적인이 욕심내는 것은 우리의 땅입니다.'"

馬라도 不得免焉하며 事之以珠玉이라도 不得免
마   부득면언   사지이주옥   부득면

焉하야 乃屬其耆老而告之曰 狄人之所欲者는
언   내촉기기로이고지왈 적인지소욕자

吾土地也니 吾는 聞之也호니 君子는 不以其所
오토지야   오   문지야   군자   불이기소

以養人者로 害人이라호니 二三子는 何患乎無君
이양인자   해인   이삼자   하환호무군

이리오? 我將去之호리라하시고 去邠하시고 踰梁山하사
        아장거지   거빈   유양산

邑于岐山之下하사 居焉하신대 邠人이 曰仁人也
읍우기산지하   거언   빈인   왈인인야

라 不可失也라하고 從之者ㅣ 如歸市하더라.
   불가실야   종지자   여귀시

或曰 世守也라 非身之所能爲也니 效死勿去
혹왈 세수야   비신지소능위야   효사물거

라하나니 君請擇於斯二者하소서.
         군청택어사이자

⑯ 魯平公이 將出할새 嬖人臧倉者ㅣ 請曰 他日에
   노평공   장출   폐인장창자   청왈 타일

君이 出則必命有司所之러시니 今에 乘輿 已駕
군   출즉필명유사소지   금   승여 이가

矣로되 有司ㅣ 未知所之하니 敢請하노이다.
의   유사   미지소지   감청

"나는 들으니, 군자는 사람을 기르는 것(땅)을 가지고 사람을 해치지 않는다고 하였습니다. 그대들은 어찌 임금이 없는 것을 근심하십니까? 내가 장차 떠날 것입니다.' 그리하여 빈땅을 버리고 양산을 넘어서 기산 아래에 도읍하여 거하니, 빈땅 사람이 말하기를 '어진사람이니, 잃을 수 없다'라고 좇는 자가 시장에 가는 것과 같았습니다."

▋ 屬 : 모을 촉.

"어떤 사람은 말하기를 '(땅은) 대대로 지키는 것이라서 자신이 마음대로 할 수 있는 바가 아니니, 죽음에 이르러도 버리지 말아야 한다'고 합니다. 임금께서는 청하건대 이 두 가지 가운데서 택하십시오."

⑯ 노나라 평공이 장차 외출하려고 할 때, 총신 장창이 청하여 말하였다. "이전에 임금께서 나가시면 반드시 유사에게 가시는 곳을 명하셨는데, 이제 수레가 이미 멍에를 하였는데도 유사가 가시는 곳을 알지 못하니, 감히 (가실 곳을 명하시기를) 청합니다."

公曰 將見孟子호리라.
공왈 장견맹자

曰 何哉잇고? 君所爲輕身하야 以先於匹夫者는
왈 하재　　　군소위경신　　　이선어필부자

以爲賢乎잇가? 禮義는 由賢者出이어늘 而孟子之
이위현호　　　예의　　유현자출　　　　이맹자지

後喪이 踰前喪하니 君無見焉하소서!
후상　유전상　　　군무견언

公曰 諾다.
공왈 낙

樂正子ㅣ 入見曰 君이 奚爲不見孟軻也잇고?
악정자　　입현왈 군　해위불견맹가야

曰 或이 告寡人曰 孟子之後喪이 踰前喪이라할새
왈 혹　고과인왈　맹자지후상　　유전상

是以로 不往見也호라.
시이　　불왕견야

曰 何哉잇고? 君所謂踰者는 前以士요 後以大
왈 하재　　　군소위유자　전이사　후이대

夫며 前以三鼎而後以五鼎與잇가?
부　 전이삼정이후이오정여

曰否라. 謂棺槨衣衾之美也니라.
왈부　　위관곽의금지미야

曰 非所謂踰也라 貧富ㅣ 不同也니이다.
왈 비소위유야　　빈부　　부동야

樂正子ㅣ 見孟子曰 克이 告於君호니 君이 爲來
악정자　견맹자왈 극　고어군　　　군　위래

평공이 말하였다. "장차 맹자를 만나 보려고 한다."

장창이 말하였다. "어째서 입니까? 임금께서 몸을 가볍게 하여 필부에게 먼저 가는 것이 그가 어질다고 해서입니까? 예의는 어진 자로 말미암아 나오는 것인데, 맹자의 뒤에 치른 장례가 이전에 치른 장례보다 지나쳤으니(호화로웠으니), 임금께서는 만나 보지 마십시오."

평공이 말하였다. "좋다."

악정자樂正子가 들어가서 뵙고 말하였다. "임금께서는 어찌하여 맹가(맹자)를 만나보지 않으셨습니까?"

왕이 말하였다. "어떤 사람이 과인에게 고하여 말하기를 '맹자의 뒤에 치른 장례가 이전에 치른 장례보다 지나쳤다'고 하기에 가서 보지 아니하였다."

악정자가 말하였다. "무슨 말씀이십니까? 임금께서 이른바 지나쳤다 하시는 것은, 앞에는 사士의 예로 치르고 뒤에는 대부의 예로 치른 것을 말하며, 앞에는 사의 예인 세 솥을 쓰고 뒤에는 대부의 예인 다섯 솥을 썼음을 말하는 것입니까?"

왕이 말하였다. "아니다. 관곽과 옷과 이불의 아름다움을 말하는 것이다."

악정자가 말하였다. "그것은 이른바 지나쳤다는 것이 아니라, 가난함과 부유함이 같지 않았기 때문입니다."

▎ 樂正子 : 맹자의 제자로 노나라에서 벼슬함. 이름은 克.

악정자가 맹자를 뵙고 말하였다. "제가 임금께 고하니, 임금께서 와서 보려고 하셨는데, 임금의 총신 장창이 임금을 막

見也러시니 嬖人有臧倉者ㅣ 沮君이라 君이 是以로
견야 폐인유장창자 저군 군 시이

不果來也하시니이다.
불과래야

曰 行或使之며 止或尼之나 行止는 非人의 所
왈 행혹사지 지혹닐지 행지 비인 소

能也라. 吾之不遇魯侯는 天也니 臧氏之子ㅣ
능야 오지불우노후 천야 장씨지자

焉能使予로 不遇哉리오?
언능사여 불우재

앉기 때문에 임금께서 그래서 과연 오지 않으셨습니다."

맹자가 말하였다. "행함에도 혹 시키는 자가 있으며, 그침에도 혹 그치게 하는 자가 있으나, 행하고 그치는 것은 사람이 시켜서 할 수 있는 것이 아니다. 내가 노나라 임금을 만나지 못한 것은 하늘의 뜻이니, 장씨의 아들(장창)이 어찌 나로 하여금 만나지 못하게 할 수 있었겠는가?"

- 尅 : 악정자의 이름
- 沮 : 막을 저
- 尼 : 막을 닐(≒止之).

공손추

公孫丑

　공손추는 만장과 더불어 맹자의 뛰어난 제자이다. 이 편은 공손추의 질문으로 시작하여 공손추의 질문으로 끝나는데, 대체로 맹자가 제나라에 왔다가 떠날 때까지의 일들을 차례대로 배열하였다.

　특히 상편에는 유명한 '호연지기浩然之氣'와 성선설에 관계되는 '사단설四端說'이 수록되어 있어 사람이 나아갈 바를 제시하고 있다.

　하편 끝의 다섯 장은 맹자가 제나라를 떠날 때의 일을 적은 것으로, 공자를 이은 적통자로 자처할 정도로 자부심이 강했던 맹자가 어떻게든 왕도정치를 펴서 천하를 구해보려 하는 안타까움과, 한편으론 그렇게 세상을 근심하면서도 천명을 즐기는 심경이 잘 표현되어 있다.

공손추 : 제나라 사람으로 맹자의 제자이다. 공손公孫은 성이고, 추丑는 이름이다. 그는 정사政事에 재능과 관심이 많아서 관중管仲과 안영晏嬰의 공功에 대해 물었고, 맹자의 위촉을 받아 맹자의 아들 역쫓을 가르쳤다(이루 上, 18장).

3. 公孫丑章句 上

① 公孫丑ㅣ 問曰 夫子ㅣ 當路於齊하시면 管仲晏
　공손추　　문왈 부자　　당로어제　　　　관중안

子之功을 可復許乎잇가?
자지공　　가부허호

孟子ㅣ 曰子誠齊人也로다. 知管仲晏子而已
맹자　　왈 자성제인야　　　지관중안자이이

矣온여! 或이 問乎曾西曰 吾子ㅣ 與子路孰賢고?
의　　　혹　 문호증서왈 오자　 여자로숙현

曾西ㅣ 蹴然曰 吾先子之所畏也니라. 曰 然則
증서　 축연왈 오선자지소외야　　　　왈 연즉

吾子ㅣ 與管仲孰賢고? 曾西ㅣ 艴然不悅曰 爾
오자　 여관중숙현　　　증서　 발연불열왈 이

何曾比予於管仲고? 管仲이 得君이 如彼其專
하증비여어관중　　관중　 득군　　여피기전

也며 行乎國政이 如彼其久也로되 功烈이 如彼
야　 행호국정　　여피기구야　　　공렬　　여피

其卑也하니 爾何曾比予於是오하니라. 曰 管仲은
기비야　　 이하증비여어시　　　　　왈 관중

曾西之所不爲也어늘 而子ㅣ 爲我願之乎아?
증서지소불위야　　　이자　 위아원지호

3. 공손추장구 상(9장)

① 공손추가 물었다. "선생님께서 제나라에서 요로를 담당하신다면 관중과 안자의 공적을 다시 기대할 수 있겠습니까?"

▎當路 : 요직을 맡는 것. ▎管仲 : 제나라를 강국으로 만든 대부로 이름은 夷吾. ▎許 : 기약할 허(≒期).

맹자가 말하였다. "그대는 진실로 제나라 사람이로다. 관중과 안자를 알뿐이로구나! 혹자가 증서에게 묻기를, '자네가 자로와 비교해서 누가 더 어진가?'라고 하니, 증서가 불안해하면서 말하기를, '자로는 우리 돌아가신 할아버지께서도 두려워하신 바이다'라고 하였다.

'그렇다면 자네는 관중과 비교해서 누가 더 어진가?'라고 하니, 증서가 발끈하여 기뻐하지 않고 말하기를, '네 어찌 곧 나를 관중에게 비교하는가? 관중은 군주의 신임을 얻기를 저와 같이 독차지하였으며, 국정을 시행하기를 저와 같이 오래 하였는데도 효과가 저와 같이 낮으니, 네 어찌 곧 나를 그 사람에게 비교하는가?'라고 하였다. 관중은 증서도 비교하지 않았는데, 그대는 나를 위해서 비교하기를 원한단 말인가?"

▎曾西 : 증자의 손자. ▎蹴 : 불안해하는 모양.

▎先子 : 先祖, 여기서는 증서가 증자를 일컫는 말.

▎艴 : 발끈할 발 ▎曾 : 곧 증(≒則).

曰 管仲은 以其君霸하고 晏子는 以其君顯하니
왈 관중 이기군패   안자   이기군현

管仲晏子는 猶不足爲與잇가?
관중안자 유부족위여

曰 以齊로 王이 由反手也니라.
왈 이제 왕 유반수야

曰 若是則弟子之惑이 滋甚케이다. 且以文王之
왈 약시즉제자지혹 자심   차이문왕지

德으로 百年而後崩하사되 猶未洽於天下어시늘 武
덕   백년이후붕   유미흡어천하   무

王周公이 繼之然後에 大行하니 今言王若易然
왕주공 계지연후   대행   금언왕약이연

하시니 則文王은 不足法與잇가?
       즉문왕   부족법여

曰 文王은 何可當也시리오? 由湯으로 至於武丁히
왈 문왕 하가당야   유탕   지어무정

賢聖之君이 六七이 作하야 天下ㅣ歸殷이 久矣니
현성지군 육칠 작   천하 귀은 구의

久則難變也라. 武丁이 朝諸侯有天下호대 猶運
구즉난변야   무정   조제후유천하   유운

之掌也하시니 紂之去武丁이 未久也라. 其故家
지장야   주지거무정 미구야   기고가

遺俗과 流風善政이 猶有存者하며 又有微子微
유속   유풍선정 유유존자   우유미자미

仲王子比干箕子膠鬲이 皆賢人也라. 相與輔
중왕자비간기자교격 개현인야   상여보

공손추가 말하였다. "관중은 그 군주를 패자가 되게 하였고, 안자는 그 군주를 이름나게 하였으니, 관중과 안자는 오히려 비교할만 하지 않습니까?"

맹자가 말하였다. "제나라를 가지고 왕노릇 하는 것은 손을 뒤집는 것과 같이 쉬운 것이다."

공손추가 말하였다. "그렇다면 제자의 의혹이 더욱 심해집니다. 문왕의 덕을 가지고 백년을 산 뒤에 죽었는데도 아직 천하에 교화가 충분하지 못하여, 무왕과 주공이 계속 이은 뒤에야 크게 행해졌습니다. 그런데 지금 왕노릇 하는 것을 쉬운 것처럼 말씀하시니, 그렇다면 문왕은 본받을 만하지 못합니까?"

▌顯 : 이름을 드러낼 현 ▌由 : 같을 유(≒猶) ▌滋 : 더할 자(≒益).

맹자가 말하였다. "문왕이 어찌 감당하실 수 있었겠는가? 탕왕으로부터 무정武丁에 이르기까지 어질고 성스러운 군주가 6~7명 나와서 천하가 은나라에 돌아간 지가 오래되었으니, 오래되면 변하기 어려운 것이다. 무정이 제후들에게 조회 받고 천하를 소유하면서 마치 이것을 손바닥 움직이듯이 하였으니, 주왕은 무정과의 거리가 오래지 않다. 그 고가와 전해진 풍속과 유풍과 선정이 아직도 남은 것이 있었으며, 또 미자·미중과 왕자 비간과 기자·교격이 있었는데, 이들은 다 현인이었다. 이들이 서로 더불어 그를 보좌하였으므로 오랜 뒤에야 나라를 잃은 것이니, 한 자 되는 땅도 주왕의 소유 아님이 없었으며, 한 명의 백성도 그의 신하 아닌 이가 없었다. 그런데도 문왕은 사방 백리를 가지고 일어나셨으니, 이 때문

相之故로 久而後에 失之也하니 尺地도 莫非其
상지고   구이후   실지야   척지   막비기

有也며 一民도 莫非其臣也어늘 然而文王이
유야   일민   막비기신야   연이문왕

猶方百里起하시니 是以難也니라.
유방백리기   시이난야

齊人이 有言曰 雖有知慧나 不如乘勢며 雖有
제인   유언왈 수유지혜   불여승세   수유

鎡基나 不如待時라하니 今時則易然也니라.
자기   불여대시   금시즉이연야

夏后殷周之盛에 地未有過千里者也하니 而齊
하후은주지성   지미유과천리자야   이제

有其地矣며 雞鳴狗吠ㅣ 相聞而達乎四境하니
유기지의   계명구폐   상문이달호사경

而齊ㅣ 有其民矣니 地不改辟矣며 民不改聚
이제   유기민의   지불개벽의   민불개취

矣라도 行仁政而王이면 莫之能禦也리라.
의   행인정이왕   막지능어야

且王者之不作이 未有疏於此時者也하며 民之
차왕자지부작   미유소어차시자야   민지

憔悴於虐政이 未有甚於此時者也하니 飢者에
초췌어학정   미유심어차시자야   기자

易爲食이며 渴者에 易爲飲이니라. 孔子ㅣ 曰 德之
이위식   갈자   이위음   공자   왈 덕지

流行이 速於置郵而傳命이라하시니 當今之時하야
류행   속어치우이전명   당금지시

에 어려웠던 것이다."

▎當 : 대적할 당(≒敵) ▎作 : 일어날 작(≒起) ▎故家 : 구신舊臣의 가문.

"제나라 사람의 말에 이르기를, '비록 지혜가 있으나 형세를 타는 것만 못하며, 비록 농기구가 있으나 때를 기다리는 것만 못하다' 하였으니, 지금 때는 그렇게 하기(왕도를 펼치기)가 쉽다."

"하·은·주의 전성기에 천리를 넘게 땅을 소유한 자가 있지 않았는데, 지금 제나라는 그만한 땅을 소유하고 있으며, 닭 울음과 개 짖는 소리가 서로 들려서 사방 국경까지 미치고 있으니, 제나라가 그럴만한 백성을 가지고 있다. 따라서 땅을 다시 개간하지 않으며 백성을 더 모으지 않더라도 인정을 행하면서 왕노릇을 한다면 이것을 막을 자가 없을 것이다."

▎辟 : 개간할 벽.

"또 왕업을 이룬 자가 나타나지 않은 것이 지금보다 더 드물었던 적이 있지 않았으며, 백성들이 학정에 시달린 것이 지금보다 더 심한 적이 있지 않았다. 굶주린 자에게는 먹이기가 쉽고, 목마른 자에게는 마시게 하기가 쉬운 것이다. 공자께서 말씀하시기를, '덕의 유행이 파발마로 명을 전달하는 것보다 빠르다'고 하셨으니, 지금을 당하여 만승의 나라가 인정을 행한다면 백성들의 기뻐하는 것이 거꾸로 매달린 것을 풀어준 것과 같을 것이다.

萬乘之國이 行仁政이면 民之悅之l 猶解倒懸
만승지국　행인정　　민지열지　유해도현

也리니 故로 事半古之人이요 功必倍之는 惟此
야　　　고　사반고지인　　공필배지　　유차

時니 爲然하니라.
시　 위연

② 公孫丑l 問日 夫子l 加齊之卿相하사 得行
공손추　문왈 부자　가제지경상　　　득행

道焉하시면 雖由此霸王이라도 不異矣니니 如此則
도언　　　수유차패왕　　　　불이의　　여차즉

動心가? 否乎잇가?
동심　　 부호

孟子l 日否라. 我는 四十이라 不動心호라.
맹자　왈부　　아　사십　　　부동심

日 若是則夫子l 過孟賁이 遠矣사소이다.
왈 약시즉부자　과맹분　원의

日是l 不難하니 告子도 先我不動心하니라.
왈시　불난　　고자　선아부동심

日 不動心이 有道乎잇가?
왈 부동심　유도호

日有하니라. 北宮黝之養勇也는 不膚撓하며 不目
왈유　　　　북궁유지양용야　　불부요　　　불목

逃하야 思以一豪나 挫於人이어든 若撻之於市朝
도　　 사이일호　좌어인　　　　 약달지어시조

그러므로 일은 옛사람의 반만 하고도 효과는 반드시 옛사람의 배가 되는 것은 오직 지금만이 그러할 것이다."

▎置 : 역 치(≒驛) ▎郵 : 명을 전달하는 역마 우(≒馹).
▎倒懸 : 거꾸로 매달림, 곤궁하고 괴로움을 비유한 것.

② 공손추가 물었다. "선생님께서 제齊나라의 경상卿相 지위에 오르시어 도를 행할 수 있게 되신다면, 비록 이로 말미암아 패업이나 왕업을 이룬다 하더라도 이상하지 않을 것입니다. 이와 같이 임무가 막중하다면 마음이 (두려움이나 의혹 등에) 동요되시겠습니까? 않으시겠습니까?"

맹자가 말하였다. "아니다. 나는 40세여서 마음이 동요하지 않는다."

"이와 같이 동요하지 않는다면 선생님께서는 맹분보다 뛰어남이 크십니다."

"이것은 어렵지 않으니, 고자告子도 나보다 먼저 마음이 동요하지 않았다."

"마음을 동요하지 않는데 방법이 있습니까?"

"있다. 북궁유가 용기를 기르는 방법은, 살갗이 찔려도 움직이지 않으며 눈동자를 찔려도 피하지 않아서, 터럭 하나일 망정 남에게 욕을 당하면 마치 시장이나 조정에서 종아리를 맞는 것처럼 생각하여, 미천한 사람에게도 모욕을 받지 않았다. 또한 만승의 군주에게도 모욕을 받지 않아서, 만승의 군주를 찌르는 것 보기를 마치 미천한 사람을 찔러 죽이는 것

하야 不受於褐寬博하며 亦不受於萬乘之君하야
　　불수어갈관박　　　역불수어만승지군

視刺萬乘之君호대 若刺褐夫하야 無嚴諸侯하야
시자만승지군　　　약자갈부　　　무엄제후

惡聲이 至커든 必反之하니라.
악성　지　　　필반지

孟施舍之所養勇也는 曰 視不勝호대 猶勝也로
맹시사지소양용야　　왈　시불승　　　유승야

니 量敵而後進하며 慮勝而後會하면 是는 畏三軍
　양적이후진　　　여승이후회　　　시　외삼군

者也니 舍 豈能爲必勝哉리오? 能無懼而已矣
자야　　사　기능위필승재　　　　능무구이이의

라하니라.

孟施舍는 似曾子하고 北宮黝는 似子夏하니 夫二
맹시사　　사증자　　　북궁유　　사자하　　　부이

子之勇이 未知其孰賢이어니와 然而孟施舍는
자지용　　미지기숙현　　　　　연이맹시사

守ㅣ 約也니라.
수　　약야

昔者에 曾子 謂子襄曰 子ㅣ 好勇乎아? 吾嘗
석자　　증자　위자양왈　자　　호용호　　　오상

聞大勇於夫子矣로니 自反而不縮이면 雖褐寬
문대용어부자의　　　자반이불축　　　수갈관

博이라도 吾不惴焉이어니와 自反而縮이면 雖千萬
박　　　　오부췌언　　　　　자반이축　　　수천만

처럼 생각하고, 제후를 두려워함이 없어서 험담하는 소리가 이르면 반드시 보복하는 것이다."

▎孟賁 : 용맹한 선비. ▎告子 : 이름은 不害, 도를 깨치지 못했는데도 부동심을 얻었음. ▎北宮黝 : 성은 북궁, 이름은 유. 제나라의 용사. ▎挫 : 욕 당할 좌(≒辱) ▎褐 : 모포 갈 ▎寬博 : 헐렁하고 큰 옷, 즉 천한 사람의 옷 ▎刺 : 찌를 자

"맹시사가 용기를 기르는 방법은 '이기지 못할 것을 보되 이기는 것처럼 여기는 것'이니, '적을 헤아린 뒤에 전진하며 승리를 생각한 뒤에 교전한다면, 이것은 적의 삼군을 두려워하는 자이다. 내 어찌 반드시 이기는 것만을 할 수 있겠는가? 두려워하지 않을 수 있을 뿐이다'라고 말한 것이었다."

▎會 : 모여 싸울 회.

"맹시사는 증자와 유사하고 북궁유는 자하와 유사하니, 이 두 사람의 용기에 대해서는 누가 더 나은지 모르겠으나, 그러나 맹시사의 지킴이 간략하고 요점을 얻었다."

▎賢 : 나을 현(≒勝).

"옛날에 증자가 자양에게 이르기를, '그대는 용기를 좋아하는가? 내가 일찍이 선생님(공자)께 큰 용기에 대해 들었는데, 스스로 돌이켜 보아서 바르지 못하면 비록 보통 사람이라도 내가 두려워하게 하지 못하지만, 스스로 돌이켜 보아서 바르면 비록 천만 명이 있더라도 내가 가서 대적할 수 있다고 하셨다'라고 하였다. 맹시사가 지킨 것은 기질이니, 또한 증자

人이라도 吾往矣라하시니라. 孟施舍之守는 氣라
인   오왕의   맹시사지수   기

又不如曾子之守ㅣ 約也니라.
우불여증자지수 약야

曰 敢問夫子之不動心과 與告子之不動心을
왈 감문부자지부동심   여고자지부동심

可得聞與잇가?
가득문여

告子曰 不得於言이어든 勿求於心하며 不得於
고자왈 부득어언   물구어심   부득어

心이어든 勿求於氣라하니 不得於心이어든 勿求於
심   물구어기   부득어심   물구어

氣는 可커니와 不得於言이어든 勿求於心은 不可하니
기 가   부득어언   물구어심   불가

夫志는 氣之帥也요 氣는 體之充也니 夫志는 至
부지   기지수야 기   체지충야   부지   지

焉이요 氣ㅣ 次焉이니 故로 曰 持其志오도 無暴其
언   기   차언   고   왈 지기지   무포기

氣라하니라.
기

旣曰 志ㅣ 至焉이요 氣ㅣ 次焉이라하시고 又曰 持
기왈 지   지언   기   차언   우왈 지

其志오도 無暴其氣者는 何也잇고? 曰 志壹則動
기지   무포기기자 하야   왈 지일즉동

氣하고 氣壹則動志也니 今夫蹶者趨者ㅣ 是氣
기   기일즉동지야   금부궤자추자   시기

가 지킨 것이 간략하고 요점을 얻은 것만 못하다."

▎子襄 : 증자의 제자　▎夫子 : 공자　▎縮 : 바를 축(直)
▎惴 : 두려워할 췌　▎往 : 가서 대적할 왕.

"감히 묻겠습니다. 선생님의 부동심(마음을 동요하지 않는 것)과 고자의 부동심에 대해서 들을 수 있겠습니까?"

"고자가 말하기를 '말에서 납득이 되지 않으면 마음에서 구하려 하지 말고, 마음에서 납득이 되지 않으면 기氣에서 구하려 하지 말라'고 하였는데, '마음에서 납득이 되지 않으면 기에서 구하려 하지 말라'는 것은 괜찮지만, '말에서 납득이 되지 않으면 마음에서 구하려 하지 말라'는 것은 안 된다.

의지는 기의 장수이고, 기는 몸에 가득 차 있는 것이니, 의지가 최고이고, 기는 그 다음이다. 그러므로 말하기를, '그 의지를 잘 간직하면서도 그 기氣를 해롭게 하지 말라'고 한 것이다."

"이미 의지가 최고이고 기가 그 다음이라고 하셨는데, 또 그 의지를 잘 간직하고도 그 기를 해롭게 하지 말라고 하신 것은 무슨 말씀입니까?"

맹자가 말하였다. "의지가 한결같으면 기를 움직이고 기가 한결같으면 의지를 움직이는 것이니, 지금 넘어지고 달리고 하는 것은 기이지만, 이 기가 도리어 그 마음을 움직이게 되

也而反動其心이니라.
야 이 반 동 기 심

敢問夫子는 惡乎長이시니잇고?
감 문 부 자 오 호 장

曰 我는 知言하며 我는 善養吾의 浩然之氣하노라.
왈 아 지 언 아 선 양 오   호 연 지 기

敢問何謂浩然之氣잇고?
감 문 하 위 호 연 지 기

曰 難言也니라. 其爲氣也ㅣ 至大至剛하니 以直
왈 난 언 야   기 위 기 야 지 대 지 강   이 직

養而無害則塞于天地之間이니라. 其爲氣也ㅣ
양 이 무 해 즉 색 우 천 지 지 간   기 위 기 야

配義與道하니 無是면 餒也니라.
배 의 여 도   무 시   뇌 야

是集義所生者라. 非義ㅣ襲而取之也니 行有
시 집 의 소 생 자 비 의 습 이 취 지 야 행 유

不慊於心則餒矣니 我ㅣ故로 曰 告子ㅣ未嘗
불 겸/겹 어 심 즉 뇌 의 아 고   왈 고 자 미 상

知義라하노니 以其外之也일새니라.
지 의   이 기 외 지 야

必有事焉而勿正하야 心勿忘하며 勿助長也하야
필 유 사 언 이 물 정   심 물 망   물 조 장 야

無若宋人然이어다. 宋人이 有閔其苗之不長而
무 약 송 인 연   송 인 유 민 기 묘 지 부 장 이

揠之者러니 芒芒然歸하야 謂其人曰 今日에 病
알 지 자   망 망 연 귀   위 기 인 왈 금 일 병

는 것이다."

"감히 묻겠습니다. 선생님께서는 어디에 장점이 있으십니까?"

맹자가 말하였다. "나는 말을 알며(知言), 나는 나의 호연지기를 잘 기른다."

"감히 묻겠습니다. 무엇을 호연지기라고 합니까?"

맹자가 말하였다. "말하기 어렵다. 그 기됨이 지극히 크고 지극히 강하니, 바르게 잘 기르고 해침이 없으면, 천지의 사이에 꽉 차게 된다. 그 기됨이 의와 도에 짝하니, 도와 의가 없으면 호연지기가 굶주리게 된다."

| 知言 : 마음을 다하고 性을 알기 때문에, 천하의 모든 말에서 그 시비득실의 까닭을 알게 되는 것을 지언이라고 한다.

"호연지기는 의를 축적하여 생겨나는 것이다. 의는 밖에서 엄습하여 취해지는 것이 아니니, 행하고서 마음에 흡족하게 여기지 않는 바가 있으면 호연지기가 굶주리게 된다. 그래서 내가 '고자가 일찍이 의를 알지 못한다'고 말한 것이니, 이는 의를 밖이라고 하기 때문이다."

| 襲 : 엄습하여 취할 습　| 慊 : 흡족할 겸/겹.

"반드시 호연지기를 기르는데 종사하되 효과를 기대하지 말아서, 마음에 잊지도 말며 조장하지도 말아서, 송나라 사람과 같이 하지 말아야 한다. 송나라 사람 중에 벼 싹이 자라지 못함을 안타깝게 여겨 뽑아놓은 자가 있었다.

그는 잘못한 것을 모르고 돌아와서 집안사람들에게 말하기를 '오늘 나는 매우 피곤하다. 내가 벼 싹이 자라도록 도왔다'

矣와라 予ㅣ 助苗長矣와라하야늘 其子ㅣ 趨而往視
의   여   조묘장의   기자   추이왕시

之하니 苗則槁矣러라. 天下之不助苗長者ㅣ 寡
지   묘즉고의   천하지부조묘장자   과

矣니 以爲無益而舍之者는 不耘苗者也요 助
의   이위무익이사지자   불운묘자야   조

之長者는 揠苗者也니 非徒無益이라 而又害之
지장자   알묘자야   비도무익   이우해지

니라.

何謂知言이니잇고?
하위지언

曰 詖辭에 知其所蔽하며 淫辭에 知其所陷하며
왈 피사   지기소폐   음사   지기소함

邪辭에 知其所離하며 遁辭에 知其所窮이니 生於
사사   지기소리   둔사   지기소궁   생어

其心하야 害於其政하며 發於其政하야 害於其事
기심   해어기정   발어기정   해어기사

하나니 聖人이 復起사도 必從吾言矣시리라.
      성인   부기   필종오언의

宰我子貢은 善爲說辭하고 冉牛閔子顔淵은 善
재아자공   선위설사   염우민자안연   선

言德行이러니 孔子ㅣ 兼之하사되 曰我ㅣ 於辭命
언덕행   공자   겸지   왈아   어사명

則不能也로라하시니 然則夫子는 旣聖矣乎신져!
즉불능야   연즉부자   기성의호

고 함에 그 아들이 달려가서 보았더니, 벼 싹이 말라 있었다. 천하에 벼 싹이 자라도록 조장하지 않는 자가 적으니, 유익함이 없다 해서 버려두는 자는 벼 싹을 김매지 않는 자이고, 조장하는 자는 벼 싹을 뽑아놓는 자이다. 조장하는 것은 유익함이 없을 뿐만 아니라 도리어 해치는 것이다."

- 正 : 미리 기약할 정
- 閔 : 근심할 민(=憂)
- 揠 : 뽑을 알
- 芒芒 : 무지한 모양
- 病 : 피곤할 병.

"무엇을 '말을 안다'고 합니까?"

맹자가 말하였다. "편파적인 말에서 그 가려진 바를 알며, 과장된 말에서 빠져 있는 바를 알며, 부정한 말에서 어긋난 바를 알며, 도피하는 말에서 곤궁함을 아는 것이다. (말은) 마음에서 생겨나 정사에 해를 끼치며, 정사에서 발로되어 일에 해를 끼치니, 성인이 다시 나오셔도 반드시 내 말을 따르실 것이다."

- 詖 : 치우칠 피
- 淫 : 지나칠 음
- 遁 : 도망할 둔

"재아와 자공은 말을 잘했고, 염우·민자·안연은 덕행을 잘 말하였는데, 공자께서는 이것을 겸하셨으면서도 말씀하시기를, '나는 사명에 있어서는 능하지 못하다'고 하셨으니, 그렇다면 선생님께서는 이미 성인이시겠습니다."

- 辭命 : 사신이 명을 받들어 접대하는 말
- 夫子 : 맹자

曰惡라! 是何言也오? 昔者에 子貢이 問於孔子
왈 오   시하언야   석자   자공 문어공자

曰 夫子는 聖矣乎신져! 孔子ㅣ 曰 聖則吾不能
왈 부자 성의호   공자 왈 성즉오불능

이어니와 我는 學不厭而敎不倦也로라. 子貢이 曰
      아   학불염이교불권야   자공   왈

學不厭은 智也요 敎不倦은 仁也니 仁且智하시니
학불염   지야   교불권   인야   인차지

夫子는 旣聖矣신져하니 夫聖은 孔子도 不居하시니
부자   기성의   부성   공자   불거

是何言也오?
시하언야

昔者에 竊聞之호니 子夏子游子張은 皆有聖人
석자   절문지   자하자유자장   개유성인

之一體하고 冉牛閔子顔淵은 則具體而微라하니
지일체   염우민자안연   즉구체이미

敢問所安하노이다.
감문소안

曰 姑舍是하라.
왈 고사시

曰 伯夷伊尹은 何如하니잇고?
왈 백이이윤   하여

曰 不同道하니 非其君不事하며 非其民不使하야
왈 부동도   비기군불사   비기민불사

治則進하고 亂則退는 伯夷也요 何事非君이며
치즉진   난즉퇴   백이야   하사비군

맹자가 말하였다. "아니, 이 웬 말인가? 옛적에 자공이 공자께 묻기를 '선생님께서는 성인이십니다'라고 하자, 공자께서 '성인은 내가 감당하지 못하지만 나는 배우기를 싫어하지 않고 가르치기를 게을리 하지 않았다'라고 하셨다. 자공이 말하기를 '배우기를 싫어하지 않는 것은 지이고, 가르치기를 게을리 하지 않는 것은 인이니, 인하시고 또 지하시니 선생님은 이미 성인이십니다'라고 하였다. 성인은 공자께서도 감당하시지 않았는데, 이 웬 말인가?"

| 惡 : 부성하며 놀라는 소리 오 | 夫子 : 공자

"옛적에 얼핏 들으니, '자하·자유·자장은 모두 성인의 일부분만을 갖추고 있었고, 염우·민자·안연은 전체를 갖추고 있었으나 미약하다'고 하였습니다. 감히 선생님께서 (이 두 부류 중에) 편안히 자처하시는 바를 묻겠습니다."

맹자가 말하였다. "우선 이들을 버려두라."

| 安 : 편안히 자처할 안

공손추가 물었다. "백이와 이윤은 어떻습니까?"

맹자가 답했다. "그분들은 도가 같지 않았다. '섬길 만한 군주가 아니면 섬기지 않으며, 부릴 만한 백성이 아니면 부리지 않는다'해서, 세상이 다스려지면 벼슬하고 어지러워지면 물러간 것은 백이였고, '어느 분을 섬긴들 내 군주가 아니며, 어느 사람을 부린들 내 백성이 아니겠는가?'하여, 세상이 다스려

何使非民이리오하야 治亦進하며 亂亦進은 伊尹也
하사비민   치역진   난역진   이윤야

요 可以仕則仕하며 可以止則止하며 可以久則
   가이사즉사   가이지즉지   가이구즉

久하며 可以速則速은 孔子也시니 皆古聖人也라.
구   가이속즉속   공자야   개고성인야

吾未能有行焉이어니와 乃所願則學孔子也로라.
오미능유행언   내소원즉학공자야

伯夷伊尹이 於孔子에 若是班乎잇가?
백이이윤   어공자   약시반호

曰否라. 自有生民以來로 未有孔子也시니라.
왈부   자유생민이래   미유공자야

曰 然則有同與잇가?
왈 연즉유동여

曰有하니 得百里之地而君之면 皆能以朝諸侯
왈유   득백리지지이군지   개능이조제후

有天下어니와 行一不義하며 殺一不辜而得天下
유천하   행일불의   살일불고이득천하

는 皆不爲也리니 是則同하니라.
   개불위야   시즉동

曰 敢問其所以異하노이다.
왈 감문기소이이

曰 宰我子貢有若은 智足以知聖人이니 汙不
왈 재아자공유약   지족이지성인   와부

至阿其所好니라. 宰我ㅣ 曰 以予觀於夫子컨댄
지아기소호   재아   왈 이여관어부자

져도 벼슬하고 어지러워져도 벼슬한 것은 이윤이었으며, 벼슬할 만하면 벼슬하고 그만둘 만하면 그만두며, 오래 머무를 만하면 오래 머무르고 빨리 떠날 만하면 빨리 떠난 것은 공자이시니, 모두 옛 성인이시다. 내가 아직 행하지 못하지만 원하는 것은 공자를 배우는 것이다."

[3] 공손추 상

"백이와 이윤이 공자에 대해서 이와 같이 동등하십니까?"
"아니다. 생민이 있은 이래로 공자 같은 분이 있지 않았다."
공손추가 물었다. "그렇다면 같은 점이 있습니까?"
맹자가 답하였다. "있다. 백 리 되는 땅을 얻어서 임금 노릇을 하면 모두 제후들에게 조회 받고 천하를 소유하실 수 있지만, 한 가지라도 불의를 행하며 한 사람이라도 죄 없는 이를 죽이고 천하를 얻는 것은 모두 하지 않으실 것이니, 이것은 같은 점이다."

▎ 班 : 반열할 반

공손추가 물었다. "감히 그 다른 점을 묻겠습니다."
맹자가 말하였다. "재아와 자공과 유약은 지혜가 충분히 성인을 알 만하였으니, 혹 지혜가 낮다 하더라도 좋아하는 사람이라고 해서 아첨하는 데는 이르지 않았을 것이다. 그런데 재아는 '나로서 선생님을 관찰하건대 요순보다 훨씬 나으시다'라고 하였고" ▎ 汙 : 낮을 와(≒下).

119

賢於堯舜이 遠矣샷다.
현어요순 원의

子貢이 曰 見其禮而知其政하며 聞其樂而知
자공 왈 견기례이지기정   문기악이지

其德이니 由百世之後하야 等百世之王컨댄 莫之
기덕   유백세지후   등백세지왕   막지

能違也니 自生民以來로 未有夫子也시니라.
능위야 자생민이래 미유부자야

有若이 曰 豈惟民哉리오? 麒麟之於走獸와 鳳
유약 왈 기유민재   기린지어주수   봉

凰之於飛鳥와 泰山之於丘垤과 河海之於行
황지어비조 태산지어구질   하해지어행

潦에 類也며 聖人之於民에 亦類也시니 出於其
료 유야 성인지어민 역유야   출어기

類하며 拔乎其萃나 自生民以來로 未有盛於孔
류   발호기췌 자생민이래 미유성어공

子也시니라.
자야

③ 孟子ㅣ 曰 以力假仁者는 霸니 霸必有大國이요
  맹자 왈 이력가인자 패 패필유대국

以德行仁者는 王이니 王不待大라. 湯이 以七十
이덕행인자 왕   왕부대대   탕 이칠십

里하시고 文王이 以百里하시니라.
리   문왕 이백리

"자공이 말하기를 '예를 보면 그 임금의 정사를 알 수 있고, 음악을 들으면 그 임금의 덕을 알 수 있다. 백세의 뒤에서 백세의 왕들을 등급지어 보건대 이에서 벗어날 자가 없으니, 생민이 있은 이래로 공자 같은 분은 있지 않았다'고 하였으며,"

[3] 공손추 상

"유약이 말하기를 '어찌 다만 사람뿐이겠는가? 달리는 짐승 중의 기린과 나는 새 중의 봉황새와 언덕·개미둑 중의 태산과 흐르는 도랑물 중의 하해와 같으며, 일반백성 중의 성인도 이와 같으시다. 이들은 종류 중에서 빼어나며, 모인 것에서 높이 솟아난 것들이나, 생민이 있은 이래로 공자보다 더 훌륭한 분은 있지 않았다'라고 하였다."

▎麒麟 : 동물 중 으뜸 ▎鳳凰 : 새 중 으뜸 ▎垤 : 개미둑 질
▎行潦 : 길 위에 근원이 없는 물 ▎出 : 높이 솟아남
▎拔 : 특별히 일어남 ▎萃 : 모일 췌(≒聚).

③ 맹자가 말하였다. "힘으로써 인의 행위를 빌린 자는 패자이니 패자는 반드시 큰 나라를 소유해야 하고, 덕으로써 인을 행한 자는 왕이니 왕은 큰 나라일 필요가 없다. 탕왕은 70리를 가지고 왕을 하셨고, 문왕은 100리를 가지고 하셨다."

▎力 : 토지와 군대의 힘 ▎假仁 : 본래 인한 마음이 없으면서 인한 행위를 하는 척함으로써 공을 삼음.

以力服人者는 非心服也라 力不贍也요 以德
이력복인자 비심복야 역불섬야 이덕

服人者는 中心이 悅而誠服也니 如七十子之
복인자 중심 열이성복야 여칠십자지

服孔子也라. 詩云 自西自東하며 自南自北이
복공자야 시운 자서자동 자남자북

無思不服이라하니 此之謂也니라.
무사불복 차지위야

④ 孟子ㅣ 曰 仁則榮하고 不仁則辱하나니 今에 惡辱
맹자 왈 인즉영 불인즉욕 금 오욕

而居不仁이 是猶惡濕而居下也니라.
이거불인 시유오습이거하야

如惡之인댄 莫如貴德而尊士니 賢者ㅣ 在位하며
여오지 막여귀덕이존사 현자 재위

能者ㅣ 在職하야 國家ㅣ 閒暇어든 及是時하야 明
능자 재직 국가 한가 급시시 명

其政刑이면 雖大國이라도 必畏之矣리라.
기정형 수대국 필외지의

詩云 迨天之未陰雨하야 徹彼桑土하야 綢繆牖
시운 태천지미음우 철피상두 주무유

戶면 今此下民이 或敢侮予아하야늘 孔子ㅣ 曰
호 금차하민 혹감모여 공자 왈

爲此詩者ㅣ 其知道乎인저! 能治其國家면 誰敢
위차시자 기지도호 능치기국가 수감

"힘으로써 남을 복종시키는 자는 (상대가) 마음으로 복종함이 아니라 힘이 충분하지 못하기 때문이요, 덕으로써 남을 복종시키는 자는 중심이 기뻐하여 진실로 복종함이니, 70 제자가 공자에게 복종함과 같다. 『시경』에 이르되, '서로부터 하며 동으로부터 하며/ 남으로부터 하며 북으로부터 함이/ 마음으로 복종하지 아니한 이 없다'하니 이를 이름이니라."

▌ 贍 : 넉넉할 섬(≒足)   ▌『시경』: 文王편 文王有聲시.

[3] 공손추 상

④ 맹자가 말하였다. "인하면 영화롭고, 인하지 않으면 치욕을 받으니, 지금 치욕을 싫어하면서도 인하지 않게 행동하는 것은, 이는 마치 젖는 것을 싫어하면서도 낮은 데에 거처하는 것과 같다.

만일 치욕을 싫어한다면 덕을 귀하게 여기고 선비를 높이는 것만한 것이 없으니, 현명한 사람이 지위에 있으며 재능이 있는 사람이 직책에 있어서 국가가 한가하거든, 이때에 미쳐 그 정사와 형벌을 밝힌다면 비록 강대국이라도 반드시 그 나라를 두려워할 것이다."

"『시경』에 이르기를 '하늘이 그늘지고 비오지 않았을 때에 미쳐서/ 뽕나무 뿌리를 거두어다가/ 창문을 튼튼하게 얽어 놓으면/ 지금 이 아래에 있는 사람들이/ 혹시라도 감히 나를 업신여기겠는가'라고 하였다. 공자께서 말씀하시기를 '이 시를 지은 자는 도를 알 것이다. 자기 국가를 잘 다스린다면 누가 감히 업신여기겠는가?'라고 하셨다."

侮之리오하시니라.
모 지

今國家ㅣ 閒暇어든 及是時하야 般樂怠敖하나니
금국가 한가 급시시 반락태오

是는 自求禍也니라. 禍福이 無不自己求之者니라.
시 자구화야 화복 무불자기구지자

詩云 永言配命이 自求多福이라하며 太甲에 曰
시운 영언배명 자구다복 태갑 왈

天作孼은 猶可違어니와 自作孼은 不可活이라하니
천작얼 유가위 자작얼 불가활

此之謂也니라.
차 지 위 야

⑤ 孟子ㅣ 曰 尊賢使能하야 俊傑이 在位則天下之
맹자 왈존현사능 준걸 재위즉천하지

士ㅣ 皆悅而願立於其朝矣리라.
사 개열이원립어기조의

市에 廛而不征하며 法而不廛則天下之商이 皆
시 전이부정 법이부전즉천하지상 개

悅而願藏於其市矣리라.
열이원장어기시의

關에 譏而不征則天下之旅ㅣ 皆悅而願出於
관 기이부정즉천하지려 개열이원출어

其路矣리라.
기로의

▍『시경』: 豳風편 鴟鴞시 ▍ 桑土: 뽕나무 뿌리껍질 ▍ 綢
繆: 칭칭 감아 집을 완전하게 만드는 것.

"지금 국가가 한가하면, 이때에 미쳐 즐기고 태만하며 오만한 짓을 하니, 이것은 스스로 화를 불러오는 짓이다. 화와 복은 자기로부터 불러오지 않는 것이 없다."

"『시경』에 이르기를 '길이 천명에 배합하기를 생각하는 것이/ 스스로 많은 복을 불러오는 것이다'라고 하였으며, 『서경』의 「태갑」에 이르기를 '하늘이 지은 재앙은 오히려 피할 수 있으나, 스스로 지은 재앙은 살 길이 없다'라고 하였으니, 이것을 말한 것이다."

▍『시경』: 文王편 文王시 ▍ 言: 생각할 언(≒念).
▍太甲: 『서경』 商書편 太甲 中 ▍ 孼: 재앙 얼(≒禍)
▍違: 피할 위(≒避) ▍ 活: 살 활(≒生, 逭).

⑤ 맹자가 말하였다. "현명한 자를 높이고 재능이 있는 자를 부려서 준걸들이 지위에 있으면, 천하의 선비가 모두 기뻐하여 그의 조정에서 벼슬하기를 원할 것이다."

"시장에서 자릿세만 받고 세금을 징수하지 않으며, 법대로 처리하기만 하고 자릿세도 받지 않으면, 천하의 장사꾼들이 모두 기뻐하여 그의 시장에 물건을 보관하기를 원할 것이다."

▍ 廛: 상인에게 걷는 자릿세.

"관문에서 살피기만 하고 세금을 징수하지 않으면, 천하의 나그네들이 모두 기뻐하여 그의 길로 다니기를 원할 것이다."

▍「양혜왕 하」 5장(70~73쪽)에 비슷한 내용이 있다.

[3] 공손추 상

耕者를 助而不稅則天下之農이 皆悅而願耕
경자 조이불세즉천하지농 개열이원경

於其野矣리라.
어기야의

廛無夫里之布則天下之民이 皆悅而願爲之
전무부리지포즉천하지민 개열이원위지

氓矣리라.
맹의

信能行此五者則鄰國之民이 仰之若父母矣
신능행차오자즉인국지민 앙지약부모의

리니 率其子弟하야 攻其父母는 自生民以來로
   솔기자제   공기부모 자생민이래

未有能濟者也니 如此則無敵於天下하리니 無
미유능제자야 여차즉무적어천하   무

敵於天下者는 天吏也니 然而不王者ㅣ 未之
적어천하자 천리야 연이불왕자 미지

有也니라.
유야

⑥ 孟子ㅣ 曰人皆有不忍人之心하니라. 先王이 有
  맹자 왈인개유불인인지심   선왕 유

不忍人之心하사 斯有不忍人之政矣시니 以不
불인인지심   사유불인인지정의   이불

忍人之心으로 行不忍人之政이면 治天下는 可
인인지심   행불인인지정   치천하 가

"자공이 말하기를 '예를 보면 그 임금의 정사를 알 수 있고, 음악을 들으면 그 임금의 덕을 알 수 있다. 백세의 뒤에서 백세의 왕들을 등급지어 보건대 이에서 벗어날 자가 없으니, 생민이 있은 이래로 공자 같은 분은 있지 않았다'고 하였으며,"

【3】 공손추 상

"유약이 말하기를 '어찌 다만 사람뿐이겠는가? 달리는 짐승 중의 기린과 나는 새 중의 봉황새와 언덕·개미둑 중의 태산과 흐르는 도랑물 중의 하해와 같으며, 일반백성 중의 성인도 이와 같으시다. 이들은 종류 중에서 빼어나며, 모인 것에서 높이 솟아난 것들이나, 생민이 있은 이래로 공자보다 더 훌륭한 분은 있지 않았다'라고 하였다."

▎麒麟 : 동물 중 으뜸   ▎鳳凰 : 새 중 으뜸   ▎垤 : 개미둑 질
▎行潦 : 길 위에 근원이 없는 물   ▎出 : 높이 솟아남
▎拔 : 특별히 일어남   ▎萃 : 모일 췌(=聚).

③ 맹자가 말하였다. "힘으로써 인의 행위를 빌린 자는 패자이니 패자는 반드시 큰 나라를 소유해야 하고, 덕으로써 인을 행한 자는 왕이니 왕은 큰 나라일 필요가 없다. 탕왕은 70리를 가지고 왕을 하셨고, 문왕은 100리를 가지고 하셨다."

▎力 : 토지와 군대의 힘   ▎假仁 : 본래 인한 마음이 없으면서 인한 행위를 하는 척함으로써 공을 삼음.

以力服人者는 非心服也라 力不贍也요 以德
이력복인자 비심복야   역불섬야   이덕

服人者는 中心이 悅而誠服也니 如七十子之
복인자   중심이 열이성복야   여칠십자지

服孔子也라. 詩云 自西自東하며 自南自北이
복공자야   시운 자서자동   자남자북

無思不服이라하니 此之謂也니라.
무사불복   차지위야

④ 孟子ㅣ 曰 仁則榮하고 不仁則辱하나니 今에 惡辱
  맹자   왈 인즉영   불인즉욕   금 오욕

而居不仁이 是猶惡濕而居下也니라.
이거불인   시유오습이거하야

如惡之인댄 莫如貴德而尊士니 賢者ㅣ 在位하며
여오지   막여귀덕이존사   현자   재위

能者ㅣ 在職하야 國家ㅣ 閒暇어든 及是時하야 明
능자   재직   국가   한가   급시시   명

其政刑이면 雖大國이라도 必畏之矣리라.
기정형   수대국   필외지의

詩云 迨天之未陰雨하야 徹彼桑土하야 綢繆牖
시운 태천지미음우   철피상두   주무유

戶면 今此下民이 或敢侮予아하야늘 孔子ㅣ 曰
호   금차하민   혹감모여   공자   왈

爲此詩者ㅣ 其知道乎인저! 能治其國家면 誰敢
위차시자   기지도호   능치기국가   수감

"힘으로써 남을 복종시키는 자는 (상대가) 마음으로 복종함이 아니라 힘이 충분하지 못하기 때문이요, 덕으로써 남을 복종시키는 자는 중심이 기뻐하여 진실로 복종함이니, 70 제자가 공자에게 복종함과 같다. 『시경』에 이르되, '서로부터 하며 동으로부터 하며/ 남으로부터 하며 북으로부터 함이/ 마음으로 복종하지 아니한 이 없다'하니 이를 이름이니라."

▎ 贍 : 넉넉할 섬(≒足)   ▎『시경』: 文王편 文王有聲시.

[3] 공손추 상

④ 맹자가 말하였다. "인하면 영화롭고, 인하지 않으면 치욕을 받으니, 지금 치욕을 싫어하면서도 인하지 않게 행동하는 것은, 이는 마치 젖는 것을 싫어하면서도 낮은 데에 거처하는 것과 같다.

만일 치욕을 싫어한다면 덕을 귀하게 여기고 선비를 높이는 것만한 것이 없으니, 현명한 사람이 지위에 있으며 재능이 있는 사람이 직책에 있어서 국가가 한가하거든, 이때에 미쳐 그 정사와 형벌을 밝힌다면 비록 강대국이라도 반드시 그 나라를 두려워할 것이다."

"『시경』에 이르기를 '하늘이 그늘지고 비오지 않았을 때에 미쳐서/ 뽕나무 뿌리를 거두어다가/ 창문을 튼튼하게 얽어 놓으면/ 지금 이 아래에 있는 사람들이/ 혹시라도 감히 나를 업신여기겠는가'라고 하였다. 공자께서 말씀하시기를 '이 시를 지은 자는 도를 알 것이다. 자기 국가를 잘 다스린다면 누가 감히 업신여기겠는가?'라고 하셨다."

侮之리오하시니라.
모 지

今國家ㅣ 閒暇어든 及是時하야 般樂怠敖하나니
금 국 가   한 가   급 시 시   반 락 태 오

是는 自求禍也니라. 禍福이 無不自己求之者니라.
시   자 구 화 야   화 복   무 불 자 기 구 지 자

詩云 永言配命이 自求多福이라하며 太甲에 曰
시 운 영 언 배 명   자 구 다 복   태 갑   왈

天作孼은 猶可違어니와 自作孼은 不可活이라하니
천 작 얼   유 가 위   자 작 얼   불 가 활

此之謂也니라.
차 지 위 야

⑤ 孟子ㅣ 曰 尊賢使能하야 俊傑이 在位則天下之
맹 자   왈 존 현 사 능   준 걸   재 위 즉 천 하 지

士ㅣ 皆悅而願立於其朝矣리라.
사   개 열 이 원 립 어 기 조 의

市에 廛而不征하며 法而不廛則天下之商이 皆
시   전 이 부 정   법 이 부 전 즉 천 하 지 상   개

悅而願藏於其市矣리라.
열 이 원 장 어 기 시 의

關에 譏而不征則天下之旅ㅣ 皆悅而願出於
관   기 이 부 정 즉 천 하 지 려   개 열 이 원 출 어

其路矣리라.
기 로 의

> 『시경』: 豳風편 鴟鴞시. ▮ 桑土: 뽕나무 뿌리껍질. ▮ 綢
> 繆: 칭칭 감아 집을 완전하게 만드는 것.

"지금 국가가 한가하면, 이때에 미쳐 즐기고 태만하며 오만한 짓을 하니, 이것은 스스로 화를 불러오는 짓이다. 화와 복은 자기로부터 불러오지 않는 것이 없다."

"『시경』에 이르기를 '길이 천명에 배합하기를 생각하는 것이/ 스스로 많은 복을 불러오는 것이다'라고 하였으며, 『서경』의 「태갑」에 이르기를 '하늘이 지은 재앙은 오히려 피할 수 있으나, 스스로 지은 재앙은 살 길이 없다'라고 하였으니, 이것을 말한 것이다."

> ▮ 『시경』: 文王편 文王시. ▮ 言: 생각할 언(≒念).
> ▮ 太甲: 『서경』 商書편 太甲 中. ▮ 孼: 재앙 얼(≒禍)
> ▮ 違: 피할 위(≒避). ▮ 活: 살 활(≒生, 逭).

⑤ 맹자가 말하였다. "현명한 자를 높이고 재능이 있는 자를 부려서 준걸들이 지위에 있으면, 천하의 선비가 모두 기뻐하여 그의 조정에서 벼슬하기를 원할 것이다."

"시장에서 자릿세만 받고 세금을 징수하지 않으며, 법대로 처리하기만 하고 자릿세도 받지 않으면, 천하의 장사꾼들이 모두 기뻐하여 그의 시장에 물건을 보관하기를 원할 것이다."

> ▮ 廛: 상인에게 걷는 자릿세.

"관문에서 살피기만 하고 세금을 징수하지 않으면, 천하의 나그네들이 모두 기뻐하여 그의 길로 다니기를 원할 것이다."

> ▮ 「양혜왕 하」 5장(70~73쪽)에 비슷한 내용이 있다.

耕者를 助而不稅則天下之農이 皆悅而願耕
경자　조이불세즉천하지농　개열이원경

於其野矣리라.
어기야의

廛無夫里之布則天下之民이 皆悅而願爲之
전무부리지포즉천하지민　개열이원위지

氓矣리라.
맹의

信能行此五者則鄰國之民이 仰之若父母矣
신능행차오자즉인국지민　앙지약부모의

리니 率其子弟하야 攻其父母는 自生民以來로
　　솔기자제　　공기부모　자생민이래

未有能濟者也니 如此則無敵於天下하리니 無
미유능제자야　여차즉무적어천하　　　무

敵於天下者는 天吏也니 然而不王者ㅣ 未之
적어천하자　천리야　연이불왕자　미지

有也니라.
유야

⑥ 孟子ㅣ 曰人皆有不忍人之心하니라. 先王이 有
　맹자　왈인개유불인인지심　　　선왕　유

不忍人之心하사 斯有不忍人之政矣시니 以不
불인인지심　사유불인인지정의　　이불

忍人之心으로 行不忍人之政이면 治天下는 可
인인지심　행불인인지정　　치천하　가

"농민에게 공전의 경작을 돕는 일만 하게 하고 세금을 내지 않게 하면, 천하의 농민들이 모두 기뻐하여 그의 들에서 경작하기를 원할 것이다."

"자릿세를 걷은 상인에게 또 주민세(부포·리포) 걷는 짓을 안하면, 천하의 백성들이 모두 기뻐하여 그의 백성이 되기를 원할 것이다."

| 夫里之布 : 마을의 주민세 | 氓 : 이주해온 백성 맹

진실로 이 다섯 가지를 시행할 수 있다면, 이웃나라 백성들이 그를 우러러보기를 부모처럼 할 것이다. 그 자제를 이끌어서 그 부모를 공격하는 것은 생민이 있은 이래로 성공한 자가 없었으니, 이와 같으면 천하에 대적할 자가 없을 것이다. 천하에 대적할 자가 없으면 천리天吏이니, 이렇게 하고서도 왕노릇 하지 못한 자는 있지 않다."

| 天吏 : 천명을 받들어 행하는 관리(≒王).

⑥ 맹자가 말하였다. "사람들은 모두 사람에게 차마 하지 못하는 마음을 가지고 있다. 선왕이 사람에게 차마 하지 못하는 마음을 가지고서, 사람에게 차마 하지 못하는 정사를 시행하셨으니, 사람에게 차마 하지 못하는 마음으로 사람에게 차마 하지 못하는 정사를 행한다면, 천하를 다스리는 것은 손바닥 위에서 놓고 움직일 수 있을 것이다.

運之掌上이니라.
운지장상

所以謂人皆有不忍人之心者는 今人이 乍見
소이위인개유불인인지심자 금인 사견

孺子ㅣ將入於井하고 皆有怵惕惻隱之心하나니
유자 장입어정 개유출척측은지심

非所以內交於孺子之父母也며 非所以要譽
비소이납교어유자지부모야 비소이요예

於鄕黨朋友也며 非惡其聲而然也니라.
어향당붕우야 비오기성이연야

由是觀之컨댄 無惻隱之心이면 非人也며 無羞
유시관지 무측은지심 비인야 무수

惡之心이면 非人也며 無辭讓之心이면 非人也며
오지심 비인야 무사양지심 비인야

無是非之心이면 非人也니라.
무시비지심 비인야

惻隱之心은 仁之端也요 羞惡之心은 義之端
측은지심 인지단야 수오지심 의지단

也요 辭讓之心은 禮之端也요 是非之心은 知
야 사양지심 예지단야 시비지심 지

之端也니라.
지단야

人之有是四端也ㅣ 猶其有四體也니 有是四
인지유시사단야 유기유사체야 유시사

端而自謂不能者는 自賊者也요 謂其君不能
단이자위불능자 자적자야 위기군불능

사람들은 모두 사람에게 차마 하지 못하는 마음을 가지고 있다고 말하는 근거는, 이제 사람이 갑자기 어린아이가 장차 우물로 들어가려는 것을 보고는 모두 깜짝 놀라고 측은해하는 마음을 가지니, 이것은 어린아이의 부모와 교분을 맺으려고 해서도 아니며, 향당과 붕우들에게 명예를 구해서도 아니며, 잔인하다는 명성을 싫어해서 그러한 것도 아니다."

▌乍 : 갑자기 사(≒忽) ▌怵惕 : 놀라 움직이는 모습 ▌內 : 맺을 납(≒結) ▌要 : 구할 요(≒求) ▌聲 : 명성 성.(≒名).

[3] 공손추 상

"이로 말미암아 본다면 측은지심이 없으면 사람이 아니며, 수오지심이 없으면 사람이 아니며, 사양지심이 없으면 사람이 아니며, 시비지심이 없으면 사람이 아니다."

"측은지심은 인의 단서요, 수오지심은 의의 단서요, 사양지심은 예의 단서요, 시비지심은 지의 단서이다."

▌端 : 실마리 단(≒緖).

"사람이 이 네 단서(사단)를 가지고 있는 것은 사지를 가지고 있는 것과 같으니, 이 사단을 가지고 있으면서도 스스로 온전한 사람의 행동을 행할 수 없다고 말하는 자는 자신을 해치는 자이고, 자기 군주가 온전한 정치를 행할 수 없다고 말

者는 賊其君者也니라.
자 적기군자야

凡有四端於我者를 知皆擴而充之矣면 若火
범유사단어아자 지개확이충지의 약화

之始然하며 泉之始達이니 苟能充之면 足以保
지시연 천지시달 구능충지 족이보

四海요 苟不充之면 不足以事父母니라.
사해 구불충지 부족이사부모

---

⑦ 孟子ㅣ 曰 矢人이 豈不仁於函人哉리오마는
맹자 왈 시인 기불인어함인재

矢人은 惟恐不傷人하고 函人은 惟恐傷人하나니
시인 유공불상인 함인 유공상인

巫匠도 亦然하니 故로 術不可不愼也니라.
무장 역연 고 술불가불신야

孔子ㅣ 曰 里仁이 爲美하니 擇不處仁이면 焉得
공자 왈 이인 위미 택불처인 언득

智리오하시니 夫仁은 天之尊爵也며 人之安宅也
지 부인 천지존작야 인지안택야

어늘 莫之禦而不仁하니 是는 不智也니라.
막지어이불인 시 부지야

不仁不智라 無禮無義면 人役也니 人役而恥
불인부지 무례무의 인역야 인역이치

爲役하는지 由弓人而恥爲弓하며 矢人而恥爲
위역 유궁인이치위궁 시인이치위

하는 자는 군주를 해치는 자이다."

▌ 四體 : 四肢.

"사단이 나에게 있는 것을 다 넓혀서 채울 줄 알면, 마치 불이 처음 타오르며 샘물이 처음 나오는 것과 같을 것이니, 만일 이것을 채울 수 있다면 충분히 사해를 보전할 수 있고, 만일 채우지 못한다면 부모도 섬길 수 없을 것이다."

▌ 擴 : 미루어 넓힘. ▌ 充 : 채울 충(≒滿).

⑦ 맹자가 말하였다. "화살 만드는 사람이 어찌 갑옷 만드는 사람보다 인하지 못하겠는가마는, 화살 만드는 사람은 행여 사람을 상하게 못할까 두려워하고, 갑옷 만드는 사람은 행여 사람이 상할까 두려워하니, 무당과 관 만드는 목수도 또한 그러하다. 그러므로 직업을 선택함에 삼가지 않으면 안 되는 것이다." ▌ 函 : 갑옷 함(≒甲).

"공자께서 말씀하시기를, '마을에 인의 풍속이 있는 것이 아름다우니, 거처할 곳을 가려서 인한 곳에 거처하지 않는다면 어떻게 지혜로울 수 있겠는가'라고 하셨으니, 인은 하늘의 높은 벼슬이며, 사람의 편안한 집이다. 그러나 이것을 (하지 못하게) 막는 이가 없는 데도 인하지 못하니, 이것은 지혜롭지 못한 것이다." 『논어』 里仁편

"인하지 못하여서 지혜롭지 못하기 때문에 예가 없고 의가 없게 되면 사람에게 부림을 당하니, 사람에게 부림을 당하면서 부림 당하는 것을 부끄러워함은, 마치 활 만드는 사람이 활 만드는 일을 부끄러워하며, 화살 만드는 사람이 화살 만드

矢也니라. 如恥之인댄 莫如爲仁이니라.
시야　여치지　　막여위인

仁者는 如射하니 射者는 正己而後에 發하야 發而
인자　여사　　사자　　정기이후　　발하야　발이

不中이라도 不怨勝己者요 反求諸己而已矣니라.
부중　　　불원승기자　　반구저기이이의

⑧ 孟子ㅣ 曰 子路는 人이 告之以有過則喜하더라.
　맹자　왈　자로　　인　　고지이유과즉희

禹는 聞善言則拜러시다.
우　문선언즉배

大舜은 有大焉하시니 善與人同하사 舍己從人하시며
대순　　유대언　　　선여인동　　　사기종인

樂取於人하야 以爲善이러시다. 自耕稼陶漁로 以
낙취어인　　이위선　　　　　자경가도어　　이

至爲帝히 無非取於人者러시다. 取諸人以爲善이
지위제　무비취어인자　　　　취저인이위선

是ㅣ 與人爲善者也니 故로 君子는 莫大乎與人
시　여인위선자야　　고　군자　　막대호여인

爲善이니라.
위선

는 일을 부끄러워하는 것과 같은 것이다. 만일 이것을 부끄러워한다면 인을 행하는 것 보다 나은 것이 없다."

"인한 자는 활쏘기 하는 것과 같으니, 활을 쏘는 자는 자신을 바로잡은 뒤에야 발사하여, 발사한 것이 맞지 않더라도 자신을 이긴 자를 원망하지 않고 돌이켜서 자신에게서 원인을 찾을 뿐이다."

▮ 中 : 적중할 중.

⑧ 맹자가 말하였다. "자로는 사람들이 그에게 허물이 있다고 말해 주면 기뻐하였다.

우임금은 착한 말을 들으면 절하셨다.

위대한 순임금은 이보다도 더 위대함이 있었으니, 선을 남과 함께 하여, 자신을 버리고 남을 따르며, 남에게서 취하여 선하는 것을 좋아하셨다.

즉 밭 갈고 곡식을 심으며 질그릇 굽고 고기 잡을 때로부터 임금이 됨에 이르기까지, 남에게서 취한 것 아님이 없으셨다. 남에게서 취하여 선을 행한 것은, 이것이 바로 남이 선을 하도록 인정하고 도와주는 것이다. 그러므로 군자는 남이 선을 하도록 인정하고 도와주는 것보다 더 **훌륭함**이 없는 것이다."

▮ 與 : 허여하고 도와줄 여.

⑨ 孟子ㅣ 曰伯夷는 非其君不事하며 非其友不友
맹자 왈백이 비기군불사   비기우불우

하며 不立於惡人之朝하야 不與惡人言하더니 立
     불립어악인지조   불여악인언   입

於惡人之朝하야 與惡人言호대 如以朝衣朝冠
어악인지조   여악인언   여이조의조관

으로 坐於塗炭하며 推惡惡之心하야 思與鄕人立
     좌어도탄   추오악지심   사여향인립

에 其冠不正이어든 望望然去之하야 若將浼焉하니
   기관부정   망망연거지   약장매언

是故로 諸侯ㅣ 雖有善其辭命而至者라도 不受
시고   제후   수유선기사명이지자   불수

也하니 不受也者는 是亦不屑就已니라.
야   불수야자   시역불설취이

柳下惠는 不羞汙君하며 不卑小官하야 進不隱
유하혜   불수오군   불비소관   진불은

賢하야 必以其道하며 遺佚而不怨하며 阨窮而不
현   필이기도   유일이불원   액궁이불

憫하더니 故로 曰 爾爲爾오 我爲我니 雖袒裼裸
민   고   왈 이위이   아위아   수단석라

裎於我側이나 爾焉能浼我哉리오하니 故로 由由
정어아측   이언능매아재   고   유유

然與之偕而不自失焉하야 援而止之而止하니
연여지해이불자실언   원이지지이지

援而止之而止者는 是亦不屑去已니라.
원이지지이지자   시역불설거이

⑨ 맹자가 말하였다. "백이는 섬길 만한 군주가 아니면 섬기지 않으며, 벗할 만한 사람이 아니면 벗하지 않으며, 악한 사람의 조정에 벼슬하지 않으며, 악한 사람과 더불어 말하지 않더니, 악한 사람의 조정에 벼슬하며 악한 사람과 더불어 말하는 것을, 마치 조복을 입고 조관을 쓰고서 진흙과 숯 구덩이에 앉은 듯이 여겼다.

악을 미워하는 마음을 미루어서 생각하기를, 고향 사람과 더불어 서있을 때라도 그 관이 바르지 못하면 뒤돌아보지 않고 떠나가 마치 장차 자신을 더럽힐 듯이 여겼다. 이 때문에 제후들이 비록 초빙하는 말을 좋게 하여 찾아오는 자가 있더라도 받아들이지 않았으니, 받아들이지 않은 것은 또한 나아감을 달갑게 여기지 않은 것이다."

▌ 塗 : 진흙 도(≒泥). ▌ 望望 : 떠나가고 뒤를 돌아보지 않음.
▌ 浼 : 더럽힐 매(≒汚).

"유하혜는 더러운 군주를 섬기는 것을 부끄러워하지 않으며, 작은 벼슬을 낮게 여기지 않아서, 벼슬해서는 어진 것을 숨기지 않고 반드시 자신의 방법대로 했으며, 벼슬길에서 내침을 받아도 원망하지 않으며 곤액을 당하여도 근심하지 않았다. 그러므로 그는 말하기를, '너는 너이고 나는 나이니, 네가 비록 내 곁에서 옷을 걷고 알몸을 드러낸들 네가 어찌 나를 더럽힐 수 있겠는가?'라고 하였다.

그러므로 유유하게 악한 사람들과 더불어 함께 있으면서도 스스로 올바름을 잃지 않아, (떠나려고 하다가도) 잡아당겨 멈추게 하면 멈추었으니, 잡아당겨 멈추게 하면 멈춘 것은 또한 떠나가는 것을 달갑게 여기지 않은 것이다."

孟子ㅣ 曰伯夷는 隘하고 柳下惠는 不恭하니
맹자 왈 백이 애   유하혜   불공

隘與不恭은 君子ㅣ 不由也니라.
애여불공   군자   불유야

▌ 柳下惠 : 노나라 대부. 이름은 展禽이고 시호는 혜이다. 유하에 거주하였으므로 유하혜라고 불린다.
▌ 遺佚 : 추방해 버림 ▌ 阨 : 곤궁할 액(≒困) ▌ 憫 : 근심할 민(≒憂) ▌ 袒裼 : 웃통을 벗음 ▌ 裸裎 : 몸을 노출시킴
▌ 由由 : 자득하는 모양.

맹자가 말하였다. "백이는 좁고 유하혜는 공손하지 아니하니, 좁음과 공손하지 아니함은 군자가 따르지 않는다."

▌ 隘 : 좁을 애.

4. 公孫丑章句 下

① 孟子ㅣ 曰 天時ㅣ 不如地利요 地利ㅣ 不如人和니라.
맹자 왈 천시 불여지리 지리 불여인화

三里之城과 七里之郭을 環而攻之而不勝하나니
삼리지성 칠리지곽 환이공지이불승

夫環而攻之에 必有得天時者矣언마는
부환이공지 필유득천시자의

然而不勝者는 是ㅣ 天時ㅣ 不如地利也니라.
연이불승자 시 천시 불여지리야

城非不高也며 池非不深也며 兵革이 非不堅
성비불고야 지비불심야 병혁 비불견

利也며 米粟이 非不多也로되 委而去之하나니 是ㅣ
리야 미속 비불다야 위이거지 시

地利ㅣ 不如人和也니라.
지리 불여인화야

故로 曰 域民호대 不以封疆之界하며 固國호대 不
고 왈 역민 불이봉강지계 고국 불

以山谿之險하며 威天下호대 不以兵革之利니
이산계지험 위천하 불이병혁지리

得道者는 多助하고 失道者는 寡助라. 寡助之至에
득도자 다조 실도자 과조 과조지지

4. 공손추장구 하(14장)

① 맹자가 말하였다. "천시가 지리만 못하고, 지리가 인화만 못하다. 3리 되는 성(내성)과 7리 되는 곽(외성)을 포위 공격하여도 이기지 못하는 경우가 있다. 포위해서 공격하다보면 반드시 천시를 얻을 때가 있는데도 이기지 못하는 것은, 이는 천시가 지리만 못하기 때문이다.

성이 높지 않은 것도 아니며, 못이 깊지 않은 것도 아니며, 병기와 갑옷이 견고하고 예리하지 않은 것도 아니며, 쌀과 곡식이 많지 않은 것도 아닌데도 이것을 버리고 떠나가니, 이는 지리가 인화만 못한 것이다."

▎天時 : 時日의 孤虛와 왕상휴수 ▎地利 : 지형의 험함과 城池의 견고함 ▎人和 : 민심의 화합 ▎環 : 포위할 환(≒圍) ▎革 : 갑옷(≒甲) ▎委 : 버릴 위(≒棄).

"그러므로 옛말에 이르기를 '백성을 한계짓되 국경의 경계로써 하지 않으며, 국가를 견고히 하되 산과 강의 험고함으로써 하지 않으며, 천하를 두렵게 하되 병기와 갑옷의 예리함으로써 하지 않는다'고 한 것이다.

도를 얻은 자는 도와주는 이가 많고, 도를 잃은 자는 도와주는 이가 적다. 도와주는 이가 지극히 적음에 친척이 배반하는 親戚이 畔之하고 多助之至에는 天下ㅣ 順之니라.
　　친척　반지　　다조지지　　천하　순지

以天下之所順으로 攻親戚之所畔이라 故로 君
이천하지소순　　　공친척지소반　　　고　군

子ㅣ 有不戰이언정 戰必勝矣니라.
자　유부전　　　전필승의

② 孟子ㅣ 將朝王이러시니 王이 使人來曰 寡人이
　맹자　장조왕　　　　왕　사인래왈　과인

如就見者也러니 有寒疾이라 不可以風일새 朝將
여취견자야　　　유한질　　불가이풍　　조장

視朝호리니 不識케이다. 可使寡人으로 得見乎잇가?
시조　　　불식　　　가사과인　　　득견호

對曰 不幸而有疾이라 不能造朝로소이다.
대왈 불행이유질　　　불능조조

明日에 出弔於東郭氏러시니 公孫丑ㅣ 曰 昔者
명일　출조어동곽씨　　　　공손추　　왈 석자

에 辭以病하시고 今日弔ㅣ 或者不可乎인져!
　사이병　　　금일조　혹자불가호

曰 昔者疾이 今日愈어니 如之何不弔리오?
왈 석자질　금일유　　여지하부조

王이 使人問疾하시고 醫來어늘 孟仲子ㅣ 對曰
왕　사인문질　　　　의래　　맹중자　대왈

昔者에 有王命이어시늘 有采薪之憂라 不能造朝
석자　유왕명　　　　유채신지우　　불능조조

고, 도와주는 이가 지극히 많음에 천하가 순종하는 것이다. 천하가 순종하는 나라로써 친척도 배반하는 나라를 공격한다. 그러므로 군자는 싸우지 않을지언정 싸우면 반드시 승리하는 것이다."

| 域 : 한계 역

② 맹자가 장차 제나라 선왕에게 조회하려고 하였는데, 왕이 사람을 시켜 보내와 말하였다. "과인이 나아가 뵈려고 하였는데, 감기가 있어서 바람을 쐴 수 없습니다. 아침에 조회를 볼 것인데, 알지 못하겠습니다만 과인으로 하여금 장차 뵈올 수 있게 해주시겠습니까?"

맹자가 대답하였다. "불행히도 병이 있어서 조회에 나갈 수 없습니다."

다음 날 밖으로 나가 동곽씨東郭氏에게 조문하려 하시니, 공손추가 말하였다. "어제 병으로 사양하시고 오늘 조문하심이 어쩌면 불가할 듯합니다."

맹자가 말하였다. "어제 병이 오늘 나았으니, 어찌 조문하지 않겠는가?"

| 東郭氏 : 제나라 대부의 집안 | 昔 : 어제 석.

왕이 사람을 시켜 병을 묻고 의원을 보내 오자, 맹중자가 대답하였다. "어제에 왕명이 계셨으나 약간 병이 있어 조회에 나가지 못하시더니, 오늘 병이 조금 나으셨으므로 조정에 달려 나가셨습니다.

러시니 **今病小愈**어시늘 **趨造於朝**하더시니 **我**는 **不識**케
　　　　금병소유　　　　추조어조　　　　　아　불식

라 **能至否乎**아하고 **使數人**으로 **要於路曰 請必無**
　능지부호　　　　사수인　　　요어로왈 청필무

歸而造於朝하소서!
귀이조어조

不得已而之景丑氏하야 **宿焉**이러시니
부득이이지경추씨　　　숙언

景子ㅣ **曰 內則父子**요 **外則君臣**이 **人之大倫**
경자　왈 내즉부자　　외즉군신　　인지대륜

也니 **父子**는 **主恩**하고 **君臣**은 **主敬**하니 **丑**ㅣ **見王**
야　부자　주은　　　군신　주경　　추　견왕

之敬子也요 **未見所以敬王也**케이다.
지경자야　미견소이경왕야

曰惡라! **是何言也**오? **齊人**이 **無以仁義與王言**
왈오　시하언야　　제인　무이인의여왕언

者는 **豈以仁義**로 **爲不美也**리오? **其心**에 **曰 是何**
자　기이인의　위불미야　　　기심　왈 시하

足與言仁義也云爾則不敬이 **莫大乎是**하니 **我**
족여언인의야운이즉불경　막대호시　　아

는 **非堯舜之道**어든 **不敢以陳於王前**하노니 **故**로
　비요순지도　　불감이진어왕전　　　　고

齊人이 **莫如我敬王也**니라.
제인　막여아경왕야

그런데 제가 알지 못하겠습니다. 도착하셨는지요?" 그리곤 몇 사람을 시켜서 길목에서 지키다가 말하게 하였다. "청컨대 돌아오지 말고 꼭 조정에 나아가소서."

▌采薪之憂 : 땔나무를 하지 못할 정도의 작은 병.

[4] 공손추 하

맹자가 부득이 경추씨에게 가서 유숙하였다. 경자가 말하였다. "안으로는 부자 사이요 밖으로는 군신 사이가 인간의 큰 윤리입니다. 부자 사이에는 은혜를 주로 하고 군신 사이에는 공경을 주로 하니, 저는 왕께서 선생을 공경하는 것은 보았고, 선생께서 왕을 공경하는 것은 보지 못하였습니다."

맹자가 말하였다. "아니, 이 웬 말인가? 제나라 사람 중에 인의를 가지고 왕과 더불어 말하는 이가 없는 것이 어찌 인의를 아름답지 않다고 여겨서이겠는가? 그 마음에 '왕과 더불어 어찌 인의를 말할 수 있겠는가?'라고 해서일 것이다. 그러나 이것은 불경이 이보다 더 큼이 없는 것이다. 나는 요순의 도가 아니면 감히 왕의 앞에서 말씀드리지 않았으니, 그러므로 제나라 사람 중에 내가 왕을 공경하는 것만큼 하는 이가 없는 것이다."

▌景丑氏 : 제나라 대부의 집안
▌景子 : 경추를 높여서 부른 말.

景子ㅣ 曰否라 非此之謂也라. 禮에 曰父ㅣ 召어
경자   왈부   비차지위야   예   왈부   소

시든 無諾하며 君이 命召어시든 不俟駕라하니 固將朝
     무낙   군   명소   부사가   고장조

也라가 聞王命而遂不果하시니 宜與夫禮로 若不
야   문왕명이수불과   의여부례   약불

相似然하이다.
상사연

曰 豈謂是與리오? 曾子ㅣ 曰 晉楚之富는 不可
왈 기위시여   증자   왈 진초지부   불가

及也나 彼以其富어든 我以吾仁이요 彼以其爵
급야   피이기부   아이오인   피이기작

어든 我以吾義니 吾何慊乎哉리오하시니 夫豈不義
     아이오의   오하겸호재   부기불의

를 而曾子ㅣ 言之시리오? 是或一道也니라. 天下
   이증자   언지   시혹일도야   천하

有達尊이 三이니 爵一齒一德一이니 朝廷엔 莫如
유달존   삼   작일치일덕일   조정   막여

爵이요 鄕黨엔 莫如齒요 輔世長民엔 莫如德이니
작   향당   막여치   보세장민   막여덕

惡得有其一하야 以慢其二哉리오?
오득유기일   이만기이재

故로 將大有爲之君은 必有所不召之臣이라. 欲
고   장대유위지군   필유소불소지신   욕

有謀焉則就之하나니 其尊德樂道ㅣ 不如是면
유모언즉취지   기존덕락도   불여시

경자가 말하였다. "아닙니다. 이것을 말한 것이 아닙니다. 『예기』에 이르기를 '아버지가 부르시면 느리게 대답하지 않으며, 군주가 명으로 부르시면 말에 멍에하기를 기다리지 않는다'고 하였으니, 진실로 장차 조회를 하시려다가 왕명을 듣고서 마침내 결행하지 않으셨으니, 『예기』의 예와 서로 같지 않은 듯합니다."

▎駕 : 말 멍에할 가.

　맹자가 말하였다. "어찌 이것을 말한 것이겠는가? 증자께서 말씀하시기를 '진나라와 초나라의 부유함은 내가 따를 수 없지만, 저들이 그 부유함으로써 하면 나는 나의 인으로써 하며, 저들이 그 관작으로써 대하면 나는 나의 의를 가지고 대할 것이니, 내 어찌 부족할 것이 있겠는가?'라고 하셨으니, 이 어찌 증자께서 불의를 말씀하셨겠는가? 이것도 혹 한 방법일 것이다.

　천하에 누구에게나 높이 인정되는 것이 세 가지가 있으니, 관작이 그 중 하나이고, 나이가 하나이고, 덕이 하나이다. 조정에서는 관작만한 것이 없고, 향당에서는 나이만한 것이 없고, 세상을 돕고 백성을 자라게 하는 데는 덕만한 것이 없으니, 어찌 그 한 가지(관작)를 소유하고서 둘(나이와 덕)을 가진 사람을 업신여길 수 있겠는가?"

▎慊 : 부족하게 여길 겸　▎達 : 두루 통할 달(능通).

　"그러므로 장차 크게 훌륭한 일을 할 군주는 반드시 함부로 부르지 못하는 신하가 있었다. 상의하고자 하는 일이 있으면 찾아갔으니, 덕을 높이고 도를 즐거워함이 이와 같지 않으면, 더불어 훌륭한 일을 할 수 없는 것이다.

不足與有爲也니라. 故로 湯之於伊尹에 學焉而
부족여유위야　　고　탕지어이윤　　학언이

後에 臣之故로 不勞而王하시고 桓公之於管仲에
후　신지고　불로이왕　　　환공지어관중

學焉而後에 臣之故로 不勞而霸하니라.
학언이후　신지고　불로이패

今天下ㅣ 地醜德齊하야 莫能相尙은 無他라 好
금천하　지추덕제　　막능상상　무타　호

臣其所教而不好臣其所受教니라. 湯之於伊
신기소교이불호신기소수교　　　탕지어이

尹과 桓公之於管仲에 則不敢召하니 管仲도 且
윤　환공지어관중　즉불감소　　관중　차

猶不可召온 而況不爲管仲者乎아!
유불가소　이황불위관중자호

③ 陳臻이 問曰 前日於齊에 王이 餽兼金一百而
진진　문왈 전일어제　왕　궤겸금일백이

不受하시고 於宋에 餽七十鎰而受하시고 於薛에
불수　　　어송　궤칠십일이수　　　어설

餽五十鎰而受하시니 前日之不受ㅣ 是則今日
궤오십일이수　　　전일지불수　시즉금일

之受ㅣ 非也오 今日之受ㅣ 是則前日之不受ㅣ
지수　비야　금일지수　시즉전일지불수

非也니 夫子ㅣ 必居一於此矣시리이다.
비야　부자　필거일어차의

그러므로 탕왕은 이윤에게 배운 뒤에 그를 신하로 삼았기 때문에 수고롭지 않고도 왕노릇을 하셨고, 환공은 관중에게 배운 뒤에 그를 신하로 삼았기 때문에 수고롭지 않고도 패자가 된 것이다."

"지금 천하가 국토가 비슷하고 덕도 비슷해서 서로 뛰어나지 못함은 다름이 아니다. 자기가 가르칠 수 있는 사람을 신하로 삼기를 좋아하고, 자기가 가르침을 받을 수 있는 사람을 신하로 삼기를 좋아하지 않기 때문이다.

탕왕은 이윤을, 환공은 관중을 감히 부르지 못하였다. 관중도 오히려 부를 수 없었는데, 하물며 관중이 되려고 하지 않는 나에 있어서랴!"

▮ 醜 : 비슷할 추 ▮ 尙 : 뛰어날 상.

③ 진진이 물었다. "전일에 제나라에서 왕이 겸금 일백 일을 주자 받지 않으셨고, 송나라에서는 칠십 일을 주자 받으셨고, 설나라에서는 오십 일을 주자 받으셨습니다. 전일에 받지 않은 것이 옳다면 오늘 받은 것이 잘못일 것이고, 오늘 받은 것이 옳다면 전일에 받지 않은 것이 잘못일 것이니, 선생님께서는 반드시 이 중 하나의 잘못에 해당하실 것입니다."

▮ 陳臻 : 맹자의 제자 ▮ 餽 : 줄 궤 ▮ 兼金 : 좋은 금으로, 값이 보통 금보다 두 배라서 '겸금'이라고 한다.

孟子ㅣ 曰 皆是也니라.
맹자 왈 개시야

當在宋也하야 予將有遠行이라니 行者는 必以贐
당 재 송 야   여 장 유 원 행   행 자   필 이 신

이라. 辭曰 餽贐이어니 予何爲不受리오? 當在薛也
사 왈 궤 신   여 하 위 불 수   당 재 설 야

하야 予有戒心이라니 辭曰 聞戒故로 爲兵餽之어
     여 유 계 심   사 왈 문 계 고   위 병 궤 지

니 予何爲不受리오? 若於齊 則未有處也호니 無
   여 하 위 불 수   약 어 제 즉 미 유 처 야   무

處而餽之는 是ㅣ 貨之也니 焉有君子而可以
처 이 궤 지   시   화 지 야   언 유 군 자 이 가 이

貨取乎리오?
화 취 호

④ 孟子ㅣ 之平陸하사 謂其大夫曰 子之持戟之
   맹 자   지 평 륙   위 기 대 부 왈 자 지 지 극 지

士ㅣ 一日而三失伍則去之아? 否乎아?
사   일 일 이 삼 실 오 즉 거 지   부 호

曰 不待三이니이다.
왈 부 대 삼

然則子之失伍也ㅣ 亦多矣로다. 凶年饑歲에 子
연 즉 자 지 실 오 야   역 다 의   흉 년 기 세   자

之民이 老羸는 轉於溝壑하고 壯者는 散而之四
지 민   노 리   전 어 구 학   장 자   산 이 지 사

맹자가 말하였다. "다 옳다."

"송나라에 있을 때에는 내가 장차 멀리 가게 되었는데, 멀리 가는 자에게는 반드시 노자를 주는 것이다. 말하기를 '노자를 준다'고 하였으니, 내가 어찌 받지 않을 수 있었겠는가?

설나라에 있을 때에는 내가 경계하는 마음을 품고 있었는데, 말하기를 '선생님이 경계하고 계시다는 말씀을 들었기 때문에 호위병을 위하여 준다'고 하였으니, 내가 어찌 받지 않을 수 있었겠는가?

제나라에 있을 때에는 용처가 없었다. 용처 없이 준다면 이것은 뇌물이니, 어찌 군자로서 뇌물에 매수될 수 있겠는가?"

▌贐 : 떠나는 사람에게 노자나 물품을 줄 신
▌貨取 : 재물에 팔림.

[4] 공손추 하

④ 맹자가 평륙에 가서 그 대부大夫에게 말하였다. "그대의 창을 잡은 전사가 하루에 세 번 대오를 이탈한다면 버리겠는가? 그대로 두겠는가?"

대부가 말하였다. "세 번을 기다리지 않겠습니다."

"그렇다면 그대가 대오를 이탈함이 또한 많다. 흉년과 기근이 드는 해에 그대의 백성 중에 노약자들은 구덩이에 빠져서 구르고, 장성한 자들은 흩어져 사방으로 가는 자가 몇 천 명이나 되었는가?"

▌平陸 : 제나라의 읍 ▌大夫 : 읍재 ▌戟 : 날 끝에 가지가 있는 창 ▌士 : 전사 사 ▌伍 : 行列 ▌羸 : 파리할 리.

方者ㅣ 幾千人矣오? 曰 此非距心之所得爲也
방자 기천인의   왈 차비거심지소득위야

니이다.

曰 今有受人之牛羊而爲之牧之者 則必爲
왈 금유수인지우양이위지목지자 즉필위

之求牧與芻矣리니 求牧與芻而不得 則反諸
지구목여추의   구목여추이부득 즉반저

其人乎아? 抑亦立而視其死與아?
기인호   억역입이시기사여

曰 此則距心之罪也로소이다.
왈 차즉거심지죄야

他日에 見於王曰 王之爲都者를 臣知五人焉
타일 현어왕왈 왕지위도자 신지오인언

이로니 知其罪者는 惟孔距心이러이다하고
     지기죄자   유공거심

爲王誦之하신대 王曰 此則寡人之罪也로소이다.
위왕송지   왕왈 차즉과인지죄야

⑤ 孟子ㅣ 謂蚳鼃曰 子之辭靈丘而請士師ㅣ 似
  맹자 위지와왈 자지사영구이청사사 사

也는 爲其可以言也니 今旣數月矣로되 未可以
야   위기가이언야 금기수월의   미가이

言與아?
언여

대부가 대답하였다. "그것은 제가 할 수 있는 바가 아닙니다."

▎距心 : 대부의 이름.

맹자가 말하였다. "지금 남의 소와 양을 받아다가 그를 위하여 기르는 자가 있으면, 반드시 그를 위하여 목장과 꼴을 구할 것이니, 목장과 꼴을 구하다가 얻지 못하면 그 주인에게 되돌려 주어야 하겠는가? 아니면 또한 (아무것도 안하고) 서서 그 죽어 가는 것을 보아야 하겠는가?"

대부가 말하였다. "이는 저의 잘못입니다."

후일에 왕을 알현해서 말하였다. "왕의 도읍을 다스리는 자를 신이 다섯 사람을 알고 있는데, 그 죄를 알고 있는 자는 오직 공거심(평륙의 대부)뿐입니다."

왕을 위하여 그 말을 들려주시자, 왕이 말하였다. "이것은 과인의 책임입니다."

▎牧之 : 소와 양을 기름 ▎牧 : 목장 목 ▎芻 : 꼴 추
▎都 : 읍중에서 선군의 사당이 있는 곳.

[4] 공손추 하

---

⑤ 맹자가 지와에게 말하였다. "그대가 영구의 읍재를 사양하고 사사가 되기를 청한 것이 그럴듯 했던 것은, 사사는 말을 할 수 있기 때문이었다. 그런데 이제 이미 몇 개월이 지났는데 아직도 말을 할 수 없단 말인가?"

▎蚳鼃 : 제나라 대부 ▎士師 : 왕을 가까이 모셔서 형벌이 법도에 맞지 않음을 간할 수 있는 벼슬 ▎似 : 비슷할 사

蚳鼃ㅣ 諫於王而不用이어늘 致爲臣而去한대 齊
지와   간어왕이불용   치위신이거   제

人이 曰 所以爲蚳鼃則善矣어니와 所以自爲則
인 왈 소이위지와즉선의   소이자위즉

吾不知也케라.
오부지야

公都子ㅣ 以告한대 曰吾ㅣ 聞之也호니 有官守
공도자   이고   왈오   문지야   유관수

者ㅣ 不得其職則去하고 有言責者ㅣ 不得其言
자   부득기직즉거   유언책자   부득기언

則去라하니 我無官守하며 我無言責也則吾進退
즉거   아무관수   아무언책야즉오진퇴

ㅣ 豈不綽綽然有餘裕哉리오?
   기불작작연유여유재

⑥ 孟子ㅣ 爲卿於齊하사 出弔於滕하실새 王이 使蓋
  맹자   위경어제   출조어등   왕이 사합

大夫王驩으로 爲輔行이러시니 王驩이 朝暮見이어늘
대부왕환   위보행   왕환   조모현

反齊滕之路토록 未嘗與之言行事也하시다.
반제등지로   미상여지언행사야

公孫丑ㅣ 曰 齊卿之位ㅣ 不爲小矣며 齊滕之
공손추   왈 제경지위   불위소의   제등지

路ㅣ 不爲近矣로되 反之而未嘗與言行事는
로   불위근의   반지이미상여언행사

지와가 왕에게 간했으나 쓰여지지 않아, 신하 직분을 내놓고 떠나가자 제나라 사람들이 말하였다. "지와를 위해서 말한 것은 잘한 일이나, 맹자가 하는 짓은 내가 이해할 수 없다."

▌ 致 : 되돌려 줄 치(致仕).

[4] 공손추 하

　공도자가 이것을 아뢰자, 맹자가 말하였다. "내가 들으니, '지킬 관직이 있는 자가 그 직책을 수행할 수 없으면 떠나고, 언론의 책임을 지고 있는 자가 그 말을 간할 수 없으면 떠난다'고 하였다. 나는 지킬 관직이 없으며 나는 간할 책임이 없으니, 그렇다면 나의 진퇴가 어찌 작작해서 여유가 있지 않겠는가?"

▌ 公都子 : 맹자의 제자　▌ 官守 : 관직을 맡음
▌ 言責 : 언론의 책임　▌ 綽綽 : 너그러운 모양.

⑥ 맹자가 제나라의 경이 되어 등나라에 가서 조문하실 적에, 제나라 왕이 합 땅의 대부인 왕환으로 하여금 부사로 수행을 하게 하였다. 왕환이 아침·저녁으로 뵈었는데, 맹자는 제나라와 등나라 길을 왕복하도록 일찍이 그와 더불어 행사를 말하지 않으셨다.

　공손추가 말하였다. "제나라 경(왕환)의 지위가 작지 않으며, 제나라와 등나라의 길이 가깝지 않은 데도, 왕복하도록 일찍이 그와 더불어 행사를 말씀하지 않음은 어째서 입니까?"

▌ 蓋 : 제나라의 고을 이름　▌ 王驩 : 제나라 선왕의 폐신.
▌ 輔行 : 副使.　▌ 反 : 왕복할 반　▌ 行事 : 사신으로서의 일.

何也잇고?
하 야

曰 夫旣或治之어니 予何言哉리오?
왈 부기혹치지 여하언재

⑦ 孟子ㅣ 自齊葬於魯하시고 反於齊하실새 止於嬴
맹자 자제장어로 반어제 지어영

이러시니 充虞ㅣ 請曰 前日에 不知虞之不肖하사
충우 청왈 전일 부지우지불초

使虞敦匠事어시늘 嚴하야 虞ㅣ 不敢請호니 今願竊
사우돈장사 엄 우 불감청 금원절

有請也하노니 木若以美然하더이다.
유청야 목약이미연

曰 古者에 棺槨이 無度하더니 中古에 棺이 七寸
왈 고자 관곽 무도 중고 관 칠촌

이요 槨을 稱之하야 自天子達於庶人하니 非直爲觀
곽 칭지 자천자달어서인 비직위관

美也라 然後에 盡於人心이니라. 不得이란 不可以
미야 연후 진어인심 부득 불가이

爲悅이며 無財란 不可以爲悅이니 得之爲有財
위열 무재 불가이위열 득지위유재

하야는 古之人이 皆用之하니 吾何爲獨不然이리오?
고지인 개용지 오하위독불연

且比化者하야 無使土親膚면 於人心에 獨無恔
차비화자 무사토친부 어인심 독무효

맹자가 말하였다. "혹자(왕환)가 이미 (나하고 상의 없이) 잘 처리하였으니, 내가 어찌 말할 것이 있겠는가?"

[4] 공손추 하

⑦ 맹자가 제나라로부터 노나라에 가서 장례를 지내고 제나라로 돌아오실 적에 영 땅에 머물렀다. 충우가 청하여 말하였다. "지난날에 저의 불초함을 알지 못하시고 저로 하여금 목수 일을 맡게 하셨는데, 갑작스러워서 제가 감히 묻지 못했습니다. 지금 가만히 묻기를 원하오니, 관 만드는 나무가 너무 아름다운 듯하였습니다."

▎充虞 : 맹자의 제자 이름. ▎嚴 : 갑자스러울 엄
▎以美 : 너무 아름다움(≒已美).

맹자가 말하였다. "옛적에는 관곽에 일정한 크기가 없었는데, 중고 시대에 관은 칠촌이고 곽도 이에 걸맞게 하여, 천자로부터 서인에까지 이르렀으니, 이것은 다만 보기에 아름답게 하기 위해서가 아니라, 이렇게 한 뒤에야 사람의 마음에 흡족하기 때문이었다.

(법제 때문에) 할 수 없으면 마음에 기뻐할 수 없으며, 재력이 없으면 기뻐할 수 없는 것이다. 그러나 법제로도 할 수 있고 또 재력이 있으면 옛 사람들이 모두 썼으니, 내가 어찌하여 홀로 그렇게 하지 않겠는가? 또 죽은 자를 위하여 흙이 시신의 살갗에 가까이 닿지 않게 한다면, 사람의 마음에 혼자만 만족하지 않겠는가?

내가 들으니 '군자는 천하의 재물을 아끼기 위해 자기의 어

乎아? 吾는 聞之也호니 君子는 不以天下儉其親
호 오   문지야   군자   불이천하검기친

이니라.

---

⑧ 沈同이 以其私問曰 燕可伐與잇가?
   심동   이기사문왈 연가벌여

孟子ㅣ 曰可하니라. 子噲도 不得與人燕이며 子之
맹자   왈가   자쾌   부득여인연   자지

도 不得受燕於子噲니 有仕於此어든 而子ㅣ 悅
   부득수연어자쾌   유사어차   이자   열

之하야 不告於王而私與之吾子之祿爵이어든
지   불고어왕이사여지오자지록작

夫士也ㅣ 亦無王命而私受之於子則可乎아
부사야   역무왕명이사수지어자즉가호

何以異於是리오?
하이이어시

齊人이 伐燕이어늘 或이 問曰 勸齊伐燕이라하니 有
제인   벌연   혹   문왈 권제벌연   유

諸잇가?
저

曰未也라 沈同이 問燕可伐與아하야늘 吾ㅣ 應之
왈미야 심동   문연가벌여   오   응지

曰可라호니 彼然而伐之也로다. 彼如曰 孰可以
왈가   피연이벌지야   피여왈 숙가이

버이에게 검소하고 박하게 하지 않는다'고 하였다."

- 得之而有財 : 법제로도 합당하고, 또 재물도 있음.
- 比 : 위할 비 ▎化者 : 죽은 자 ▎恔 : 만족할 효.

【4】공손추 하

⑧ 심동이 사적으로 물었다. "연나라를 정벌해도 됩니까?"

맹자가 말하였다. "된다. 자쾌도 남에게 연나라를 줄 수 없으며, 자지도 연나라를 자쾌에게 받을 수 없는 것이다.

여기에 벼슬하려는 자가 있는데, 자네가 그를 좋아하여 왕에게 아뢰지 않고 사사로이 그대의 작록을 그에게 주거든, 그 선비 또한 왕명 없이 사사로이 그대에게서 받는다면 되겠는가? 어찌 이와 다르겠는가?"

- 沈同 : 제나라 신하 ▎子噲(姬噲) : 소대가 "제나라 왕은 신하를 믿지 못하기 때문에 패자가 될 수 없다"고 하고, 鹿毛壽가 "요임금을 어질다고 하는 것은 천하를 양보하였기 때문입니다."고 하자, 이 말에 미혹되어 자지에게 모든 정사를 맡기고 신하노릇을 하다가 제나라에게 멸망당하였다.

제나라 사람이 연나라를 정벌하자, 어떤 사람이 물었다. "제나라에게 연나라를 치도록 권하셨다고 하니, 그런 일이 있었습니까?"

맹자가 말하였다. "아니다. 심동이 '연나라를 정벌해도 됩니까?'하고 묻기에 내 대답하기를 '된다'고 하였더니, 저 사람이 그럴 듯하게 여겨 정벌한 것이다. 저 사람이 만일 '누가 정벌할 수 있겠습니까?'하고 물었더라면, 나는 장차 대답하기를, '천리天吏가 되면 정벌할 수 있다.'고 하였을 것이다.

伐之오하면 則將應之曰 爲天吏則可以伐之라
벌지   즉장응지왈 위천리즉가이벌지

호리라. 今有殺人者어든 或이 問之曰 人可殺與아
       금유살인자   혹 문지왈 인가살여

하면 則將應之曰可라호리니 彼如曰 孰可以殺之
     즉장응지왈가   피여왈 숙가이살지

오하면 則將應之曰 爲士師則可以殺之라호리라.
       즉장응지왈 위사사즉가이살지

今에 以燕伐燕이어니 何爲勸之哉리오?
금   이연벌연   하위권지재

⑨ 燕人이 畔이어늘 王曰吾ㅣ 甚慚於孟子하노라.
   연인   반   왕왈오   심참어맹자

陳賈ㅣ 曰 王無患焉하소서. 王이 自以爲與周公
진가   왈 왕무환언   왕   자이위여주공

孰仁且智잇고?
숙인차지

王曰 惡라! 是何言也오?
왕왈 오   시하언야

曰 周公이 使管叔監殷이어시늘 管叔이 以殷畔하니
왈 주공   사관숙감은   관숙   이은반

知而使之면 是ㅣ 不仁也요 不知而使之면 是ㅣ
지이사지   시   불인야   부지이사지   시

不智也니 仁智는 周公도 未之盡也시니 而況於
부지야   인지   주공   미지진야   이황어

지금 살인한 자가 있는데, 어떤 사람이 '그 사람을 죽여도 됩니까?'하고 물으면, 나는 장차 대답하기를 '된다'고 할 것이다. 저 사람이 만일 '누가 그를 죽일 수 있겠습니까?'하고 물으면, 나는 장차 대답하기를 '사사가 되면 죽일 수 있다'고 할 것이다. 지금은 연나라로써 연나라를 정벌하는 것이니, 어찌하여 권하였겠는가?"

> 연나라로써 연나라를 정벌하는 것 : 불의한 정치를 한 나라가 불의한 정치를 하는 나라를 정벌하는 것을 말한다.

【4】 공손추 하

⑨ 연나라 사람이 배반하자, 선왕이 말하였다. "나는 맹자에게 매우 부끄럽다."

진가가 말하였다. "왕은 염려하지 마십시오. 왕께서 스스로 생각하시기에 주공과 더불어 누가 더 인하고 또 지혜롭다고 여기십니까?"

왕이 말하였다. "아니, 이 웬 말인가?"

진가가 말하였다. "주공이 관숙으로 하여금 은나라를 감독하게 하였는데, 관숙이 은나라를 가지고 배반하였습니다. 주공이 이것을 알고 시켰다면 이는 불인한 것이고, 알지 못하고 시켰다면 이는 지혜롭지 못한 것입니다. 인仁과 지智는 주공도 다하지 못하셨으니, 하물며 왕에게 있어서이겠습니까? 제가 맹자를 뵙고 해명해 드리겠습니다."

> 陳賈 : 제나라 대부.　管叔 : 이름은 鮮, 무왕의 아우, 주공의 형이다. 은나라를 정벌한 뒤에 주왕의 아들 무경을 감

王乎잇가? 賈ㅣ 請見而解之호리이다.
왕호   가   청견이해지

見孟子問曰 周公은 何人也잇고?
견맹자문왈 주공   하인야

曰 古聖人也시니라
왈 고성인야

曰 使管叔監殷이어시늘 管叔이 以殷畔也라하니
왈 사관숙감은   관숙이 이은반야

有諸잇가?
유저

曰 然하다.
왈 연

曰 周公이 知其將畔而使之與잇가?
왈 주공 지기장반이사지여

曰 不知也시니라.
왈 부지야

然則聖人도 且有過與잇가?
연즉성인   차유과여

曰 周公은 弟也요 管叔은 兄也니 周公之過ㅣ
왈 주공 제야 관숙 형야 주공지과

不亦宜乎아?
불역의호

且古之君子는 過則改之러니 今之君子는 過則
차고지군자   과즉개지   금지군자   과즉

順之로다. 古之君子는 其過也ㅣ 如日月之食이라
순지   고지군자   기과야   여일월지식

독하라고 하였는데, 오히려 무경과 함께 반란을 일으켰다.

진가가 맹자를 뵙고 물었다. "주공은 어떤 사람입니까?"

맹자가 대답하였다. "옛 성인이시다."

진가가 물었다. "관숙으로 하여금 은나라를 감독하게 하였는데, 관숙이 은나라를 가지고 배반했다 하니, 그러한 일이 있었습니까?"

맹자가 대답했다. "그렇다."

진가가 물었다. "주공이 장차 배반할 것을 아시면서 시켰습니까?"

맹자가 대답했다. "알지 못하셨다."

진가가 물었다. "그렇다면 성인도 과실이 있는 것입니까?"

맹자가 대답했다. "주공은 아우이고, 관숙은 형이니, 주공의 과실이 당연하지 않은가!"

[4] 공손추 하

"또 옛날의 군자들은 허물이 있으면 고쳤는데, 지금의 군자들은 허물이 있으면 그것을 기정사실화 하는구나! 옛날의 군자들은 그 허물이 일식·월식과 같아서 백성들이 다 그것을 보았고, 허물을 고침에 미쳐서는 백성들이 다 우러러보았다.

民皆見之하고 及其更也하야는 民皆仰之러니 今
민개견지   급기경야   민개앙지   금

之君子는 豈徒順之리오? 又從而爲之辭로다!
지군자   기도순지   우종이위지사

⑩ 孟子ㅣ 致爲臣而歸하실새 王이 就見孟子曰 前
  맹자   치위신이귀   왕   취견맹자왈 전

日에 願見而不可得이라가 得侍하야는 同朝ㅣ 甚
일   원견이불가득   득시   동조   심

喜러니 今又棄寡人而歸하시니 不識케이다. 可以
희   금우기과인이귀   불식   가이

繼此而得見乎잇가?
계차이득견호

對曰 不敢請耳언정 固所願也니이다.
대왈 불감청이   고소원야

他日에 王이 謂時子曰 我欲中國而授孟子室
타일   왕   위시자왈 아욕중국이수맹자실

하고 養弟子以萬鍾하야 使諸大夫國人으로 皆有
     양제자이만종   사제대부국인   개유

所矜式하노니 子ㅣ 盍爲我言之리오? 時子ㅣ 因陳
소긍식   자   합위아언지   시자   인진

子而以告孟子어늘 陳子ㅣ 以時子之言으로 告
자이이고맹자   진자   이시자지언   고

孟子한대
맹자

그런데 지금의 군자들은 어찌 다만 기정사실화 할 뿐이겠는가? 또 위해서 변명을 하는구나!"

- 順 : 그대로 인정할 순(≒遂) 　順 : 고칠 경(≒改)
- 辭 : 변명할 사(≒辯).

⑩ 맹자가 신하의 자리를 내놓고 떠날 적에 왕이 맹자를 찾아보고 말하였다. "지난날에 뵙기를 원했으나 뵐 수 없었는데, 모시게 되자 조정에 함께 있는 사람들이 매우 기뻐했습니다. 그런데 이제 또다시 과인을 버리고 돌아가시니, 알지 못하겠습니다만, 이 뒤로 계속하여 선생님을 뵐 수 있겠습니까?

　맹자가 대답하였다. "감히 청하지는 못할지언정, 진실로 원하는 바입니다."

　후일에 왕이 시자를 보고 말하였다. "내가 서울에 맹자에게 집을 지어주고 제자들을 만종의 봉록으로 길러, 여러 대부들과 국민들로 하여금 모두 공경하는 예절이 있게 하려고 하니, 그대는 어찌 짐을 위하여 말해주지 않겠는가?"

　시자가 진자를 통하여 맹자에게 고하게 하자, 진자가 시자의 말을 맹자에게 고하였다.

- 時子 : 제나라의 신하　　中國 : 나라의 한 가운데(서울)
- 萬鍾 : 아주 많은 녹봉　　矜 : 공경할 긍(≒敬)
- 式 : 법식 식(≒法)　　陳子 : 맹자의 제자 陳臻.

孟子ㅣ 曰然하다. 夫時子ㅣ 惡知其不可也리오?
맹자 왈연   부시자   오지기불가야

如使予欲富인댄 辭十萬而受萬이 是爲欲富乎
여사여욕부   사십만이수만   시위욕부호

아? 季孫이 曰 異哉라. 子叔疑여! 使己爲政호대
    계손 왈 이재   자숙의   사기위정

不用則亦已矣어늘 又使其子弟爲卿하니 人亦
불용즉역이의   우사기자제위경   인역

孰不欲富貴리오마는 而獨於富貴之中에 有私龍
숙불욕부귀   이독어부귀지중   유사롱

斷焉이라하니라.
단언

古之爲市者ㅣ 以其所有로 易其所無者어든 有
고지위시자   이기소유   역기소무자   유

司者ㅣ 治之耳러니 有賤丈夫焉하니 必求龍斷
사자   치지이   유천장부언   필구농단

而登之하야 以左右望而罔市利어늘 人皆以爲
이등지   이좌우망이망시리   인개이위

賤故로 從而征之하니 征商이 自此賤丈夫始矣
천고   종이정지   정상   자차천장부시의

니라.

맹자가 말하였다. "그러하겠다. 저 시자가 어찌 그 불가함을 알겠는가? 가령 내가 부자가 되고 싶었다면, 십만 종을 사양하고 만종을 받는 이것이 부자가 되고자 하는 것이겠는가?

계손씨가 말하기를, '괴이하다, 자숙의여! 자기에게 정사를 하게 하다가 쓰이지 않으면 그만두어야 할 것인데, 또 그 자제로 하여금 경을 삼게 하였구나! 사람이 누구인들 부귀하고자 하지 않겠는가마는, 홀로 부귀하면서도 사사롭게 농단하는 이가 있구나!'고 하였다."

▌ 주자는 맹자가 李孫씨의 말을 인용한 것이라고 하나, 李孫과 子叔을 맹자의 제자로 보는 주석도 있다.

▌ 龍 : 언덕 롱(≒壟) ▌ 龍斷 : 언덕이 끊겨 높은 곳.

"옛날에 시장에서 교역하는 자들이 자기가 가지고 있는 물건을 가지고 없는 물건과 바꾸면, 유사는 (세금을 거두지 않고) 분쟁을 다스릴 뿐이었다. 그런데 천한 장부 한 사람이 있어, 반드시 농단을 찾아 올라가서 좌우를 둘러보며 시장의 이익을 망라하자, 사람들이 모두 천하게 여겼다. 그러자 유사가 따라가서 그에게 세금을 징수하였으니, 장사꾼에게 세금을 징수한 것은 이 천한 장부로부터 비롯되었다."

▌ 罔 : 망라하여 취할 망.

⑪ 孟子ㅣ 去齊하실새 宿於晝러시니 有欲爲王留行
맹자 거제   숙어주   유욕위왕유행

者ㅣ 坐而言이어늘 不應하시고 隱几而臥하신대 客이
자   좌이언   불응   은궤이와   객

不悅曰 弟子ㅣ 齊宿而後敢言이어늘 夫子ㅣ 臥
불열왈 제자   재숙이후감언   부자   와

而不聽하시니 請勿復敢見矣로리이다.
이불청   청물부감견의

曰坐하라! 我ㅣ 明語子호리라. 昔者에 魯繆公이 無
왈좌   아   명어자   석자   노목공   무

人乎子思之側則不能安子思하고 泄柳申詳이
인호자사지측즉불능안자사   설류신상

無人乎繆公之側則不能安其身이러니라.
무인호목공지측즉불능안기신

子ㅣ 爲長者慮而不及子思하니 子ㅣ 絶長者乎
자   위장자려이불급자사   자   절장자호

아? 長者ㅣ 絶子乎아?
    장자   절자호

⑫ 孟子ㅣ 去齊하실새 尹士ㅣ 語人曰 不識王之不
맹자   거제   윤사   어인왈 불식왕지불

可以爲湯武則是ㅣ 不明也요 識其不可요 然
가이위탕무즉시   불명야   식기불가   연

且至則是ㅣ 干澤也니 千里而見王하야 不遇故
차지즉시   간택야   천리이견왕   불우고

⑪ 맹자가 제나라를 떠나실 적에 주 땅에서 유숙하셨다. 왕을 위하여 맹자의 발걸음을 만류하고자 하는 자가 있어 앉아서 말하였으나, 맹자가 응대하지 않고 안석에 기대어 누우셨다. 객이 기뻐하지 않으며 말하였다. "제가 하룻밤 전부터 재계하고 감히 말씀드렸는데, 선생님께서 누우시고 들어주지 않으시니, 다시는 감히 뵙지 말아야겠습니다."

맹자가 말하였다. "앉아라! 내가 그대에게 분명하게 말해주겠다. 옛적에 노나라 목공이 자사의 곁에 (자신의 성의를 전달할) 사람을 없게 했다면 자사를 안정시키지 못했을 것이고, 설류와 신상이 목공의 곁에 (자신들의 뜻을 전달할) 사람이 없게 했다면 자신들의 몸을 안정시키지 못했을 것이다.

그대가 어른을 위하여 생각해 주되 자사에게 미치지 못하니, 자네가 어른을 끊은 것인가? 어른이 자네를 끊은 것인가?"

[4] 공손추 하

▌晝 : 제나라 서남쪽에 서울과 가까운 읍.
▌隱 : 기댈 은(≒憑) ▌齊宿 : 재계하면서 하룻밤을 지냄.
▌長者 : 맹자 자신을 칭함.

⑫ 맹자가 제나라를 떠나자, 윤사가 사람들에게 말하였다. "왕이 탕왕이나 무왕 같은 성군이 될 수 없음을 모르고 왔다면 이것은 밝지 못한 것이고, 불가능한 줄 알고서도 왔다면 이것은 재물(은택)을 구한 것이다. 천리 길을 와서 왕을 만났다가 뜻이 맞지 않아 떠나가면서, 사흘을 유숙한 뒤에 주 땅을 출발하니, 이 어찌 이리 오랫동안 체류한단 말인가? 나는 이것

로 去호대 三宿而後出晝하니 是何濡滯也오? 士
　　거　　　삼숙이후출주　　　시하유체야　　사

則玆不悅하노라.
즉자불열

高子ㅣ 以告한대 曰 夫尹士ㅣ 惡知予哉리오?
고자　이고　　왈 부윤사　오지여재

千里而見王은 是予所欲也ㅣ니 不遇故로 去ㅣ
천리이견왕　　시여소욕야　　　불우고　　거

豈予所欲哉리오? 予不得已也로라.
기여소욕재　　　여부득이야

予ㅣ 三宿而出晝호대 於予心에 猶以爲速하노니
여　삼숙이출주　　 어여심　　유이위속

王庶幾改之니 王如改諸시면 則必反予시리라.
왕서기개지　　왕여개저　　　즉필반여

夫出晝而王不予追也하실새 予然後浩然有歸
부출주이왕불여추야　　　　여연후호연유귀

志호니 予雖然이나 豈舍王哉리오? 王由足用爲善
지　　여수연　　　기사왕재　　　왕유족용위선

하시리니 王如用予시면 則豈徒齊民安이리오? 天下
　　　　왕여용여　　　즉기도제민안　　　천하

之民이 擧安하리니 王庶幾改之를 予日望之하노라.
지민　거안　　　　왕서기개지　　여일망지

予豈若是小丈夫然哉라! 諫於其君而不受則
여기약시소장부연재　　 간어기군이불수즉

怒하야 悻悻然見於其面하야 去則窮日之力而
노　　행행연현어기면　　　거즉궁일지력이

을 기뻐하지 않는다."

▎尹士 : 제나라 사람 ▎干 : 구할 간(≒求) ▎澤 : 은택 택.
▎濡滯 : 오랫동안 체류함.

고자高子가 이 말을 고하자, 맹자가 말하였다. "윤사가 어찌 나를 알겠는가? 천리 길을 왕을 만나보러 간 것은 내가 하고자 한 것이니, 뜻이 맞지 않으므로 떠나가는 것이 어찌 내가 원하는 바이겠는가? 내가 부득이해서였다.

내가 사흘을 유숙한 뒤에 주 땅을 출발했지만, 내 마음에는 오히려 빠르다고 여겼다. 나는 왕이 부디 고치시기를 바랐으니, 왕께서 만일 고치셨다면 반드시 나의 발길을 돌리게 하셨을 것이다. 주 땅을 나가는데도 왕께서 나를 만류하기 위하여 쫓아오지 않으시기에, 내가 그런 뒤에야 물의 흐름을 멈출 수 없어서 돌아갈 뜻을 굳혔다.

내가 그러나 어찌 왕을 버리겠는가? 왕께서는 그래도 충분히 선을 행하실 수 있을 것이다. 왕께서 만일 나를 등용하신다면, 어찌 다만 제나라 백성만이 편안할 뿐이겠는가? 천하의 백성이 모두 편안할 것이다. 왕께서 부디 고치시기를 나는 날마다 바란다."

▎高子 : 제나라 사람으로 맹자의 제자.
▎浩然 : 물의 흐름은 멈출 수 없듯이 확실하다는 뜻.

"내가 어찌 이 소장부와 같을 것인가! 군주에게 간하다가 받아주지 않으면 노하여 씩씩거리며 그 얼굴에 노기를 나타내어서, 떠나면 하루 종일 있는 힘을 다하여 간 뒤에 유숙하겠는가?"

後에 宿哉리오?
후 숙재

尹士ㅣ 聞之曰士는 誠小人也로다.
윤사 문지왈사 성소인야

⑬ 孟子ㅣ 去齊하실새 充虞ㅣ 路問曰 夫子ㅣ 若有
맹자 거제 충우 노문왈부자 약유

不豫色然하시이다. 前日에 虞ㅣ 聞諸夫子호니 曰
불예색연 전일 우 문저부자 왈

君子는 不怨天하며 不尤人이라호이다.
군자 불원천 불우인

曰 彼一時며 此一時也니라. 五百年에 必有王
왈 피일시 차일시야 오백년 필유왕

者ㅣ 興하나니 其間에 必有名世者니라. 由周而來
자 흥 기간 필유명세자 유주이래

로 七百有餘歲矣니 以其數則過矣요 以其時
칠백유여세의 이기수즉과의 이기시

考之則可矣니라. 夫天이 未欲平治天下也시니
고지즉가의 부천 미욕평치천하야

如欲平治天下인댄 當今之世하야 舍我요 其誰
여욕평치천하 당금지세 사아 기수

也리오? 吾何爲不豫哉리오?
야 오하위불예재

윤사가 이 말을 듣고 말하였다. "나는 진실로 소인이다."
| 悻悻 : 노함 | 窮 : 다할 궁(≒盡).

⑬ 맹자가 제나라를 떠나실 때 충우가 도중에 물었다. "선생님께서 기쁘지 않은 기색이 있는 듯합니다. 지난날에 제가 선생님께 들으니, '군자는 하늘을 원망하지 않으며, 사람을 허물하지 않는다'고 하셨습니다."
| 路問 : 길에서 물음 | 豫 : 기쁠 예(≒悅)
| 尤 : 허물 우(≒過).

맹자가 말하였다. "그 때는 그 때이고, 지금은 지금이다. 5백 년에 반드시 왕자王者가 나오니, 그 사이에 반드시 세상에 유명한 자(왕을 보필한 자)가 있다. 주나라로 이래로 7백여 년이 되었으니, 년수를 가지고 보면 지났고, 시기로 살펴보면 지금 가능하다. 하늘이 천하를 다스리고자 하시지 않는 것이다. 만일 천하를 다스리고자 하신다면, 지금 세상을 당하여 나 말고 그 누가 있겠는가? 내가 어찌하여 기뻐하지 않겠는가?"
| 數 : 500년의 시기 | 時 : 亂을 다스릴 수 있는 때.

⑭ 孟子ㅣ 去齊居休러시니 公孫丑ㅣ 問曰 仕而不
  맹자 거제거휴   공손추   문왈 사이불

受祿이 古之道乎잇가?
수록   고지도호

曰 非也라. 於崇에 吾ㅣ 得見王하고 退而有去志
왈 비야   어숭   오   득견왕   퇴이유거지

호니 不欲變故로 不受也호라. 繼而有師命이라 不
     불욕변고   불수야   계이유사명   불

可以請이언정 久於齊는 非我志也니라.
가이청   구어제   비아지야

⑭ 맹자가 제나라를 떠나 휴 땅에 머물렀는데, 공손추가 물었다. "벼슬하면서 봉록을 받지 않는 것이 옛 도입니까?"

맹자가 말하였다. "아니다. 숭 땅에서 내가 왕을 만나 뵙고 물러 나와 떠날 마음을 두었으니, 이 마음을 변하고자 하지 않았으므로 봉록을 받지 않은 것이다. 뒤이어 군대의 출동 명령이 있었기 때문에, 떠나갈 것을 청할 수 없었을 뿐이었지, 제나라에 오랫동안 머문 것은 나의 뜻이 아니었다."

| 休 : 땅이름 휴　| 崇 : 땅이름 숭
| 師命 : 군대의 출동 명령.

등문공

滕文公

 이 등문공편의 상권과 하권은 내용상 많은 차이점이 있다. 상권의 내용은 주로 등나라에 관계된 것이다. 등나라 문공은 세자 시절부터 맹자의 성선설에 감화되어 仁義에 힘쓴 군주이다. 이 편에서는 예법과 세제, 특히 정전법의 해설이 자세히 다루어지고 있다. 또한 허행許行과 이지夷之 등과의 문답을 통하여 당시 맹자와 반대되는 사상이 성행했음을 짐작할 수 있다.

 하권의 내용은 통일성이 없으며, 언변을 좋아한 맹자, 그러나 함부로 제후를 만나지 않는 자존심이 강한 맹자의 모습이 잘 나타나 있다.

등 문공 : 등滕나라는 문왕의 아들인 조숙주錯叔繡를 제후로 봉했던 작은 나라로, 지금의 산동성 등현 서남방에 있었다. 문공은 아버지 정공定公이 죽은 후 맹자에게 상례喪禮에 대해 물어 실천했으며, 전국 시대의 명군이었다.

5. 滕文公章句 上

① 滕文公이 爲世子에 將之楚할새 過宋而見孟子
등문공 위세자 장지초   과송이견맹자

하신대 孟子ㅣ 道性善하사되 言必稱堯舜이러시다.
      맹자 도성선   언필칭요순

世子ㅣ 自楚反하야 復見孟子하신대 孟子ㅣ 曰世
세자 자초반   부견맹자   맹자 왈세

子는 疑吾言乎잇가? 夫道는 一而已矣니이다.
자 의오언호   부도 일이이의

成覸이 謂齊景公曰 彼丈夫也며 我丈夫也니
성간 위제경공왈 피장부야 아장부야

吾何畏彼哉리오하며 顏淵이 曰 舜何人也며 予何
오하외피재   안연 왈 순하인야 여하

人也오? 有爲者ㅣ 亦若是라하며 公明儀ㅣ 曰 文
인야   유위자 역약시   공명의 왈 문

王은 我師也라하시니 周公이 豈欺我哉시리오하니이다.
왕 아사야   주공 기기아재

今滕을 絶長補短이면 將五十里也나 猶可以爲
금등 절장보단   장오십리야 유가이위

善國이니 書에 曰 若藥이 不瞑眩이면 厥疾이 不瘳
선국   서 왈 약약 불명현   궐질 불추

5. 등문공장구 상(5장)

① 등나라 문공이 세자로 있을 때에 초나라로 가기 위하여 송나라를 지나다가 맹자를 만나 뵀었다. 맹자가 성의 선함을 말하면서, 말마다 반드시 요와 순을 예로 들어 말씀하셨다.

세자가 초나라에서 돌아와 다시 맹자를 뵙자, 맹자가 말했다. "세자는 제 말을 의심하십니까? 도는 하나일 뿐입니다."

▌道 : 말할 도(≒言) ▌性 : 사람이 하늘에서 받은 理.

"성간이 제나라 경공에게 이르기를 '저 성현도 장부이며 저도 장부이니, 제가 어찌 저 선현을 두려워하겠습니까?'라고 하였으며, 안연이 말하기를 '순임금은 어떠한 분이며 나는 어떠한 사람인가? 훌륭한 일을 하는 자는 또한 이 순임금과 같다'고 하였으며, 공명의가 말하기를 '주공이 문왕은 내 스승이라고 하였으니, 주공이 어찌 나를 속였겠는가?'라고 하였습니다. 이제 등나라를 긴 곳을 잘라 짧은 곳을 보충하면, 거의 50리가 되는 작은 나라이나, 오히려 선한 나라가 될 수 있습니다. 『서경』에 말하기를, '만일 약이 독하여 정신이 어지럽지 않으면 그 병이 낫지 않는다'고 하였습니다."

▌成覵 : 제나라 경공의 신하 ▌彼 : 聖賢 ▌公明儀 : 성은 공명, 이름은 의, 노나라의 현인 ▌『서경』 : 商書편 說命 上.

라하니이다.

② 滕定公이 薨커늘 世子ㅣ 謂然友曰 昔者에 孟子
등정공 훙 세자 위연우왈 석자 맹자

ㅣ 嘗與我言於宋이어시늘 於心終不忘이라니 今也
상여아언어송 어심종불망 금야

不幸하야 至於大故호니 吾欲使子로 問於孟子
불행 지어대고 오욕사자 문어맹자

然後에 行事하노라.
연후 행사

然友ㅣ 之鄒하야 問於孟子한대 孟子ㅣ 曰不亦
연우 지추 문어맹자 맹자 왈 불역

善乎아! 親喪은 固所自盡也니 曾子ㅣ 曰 生事
선호 친상 고소자진야 증자 왈 생사

之以禮하며 死葬之以禮하며 祭之以禮면 可謂
지이례 사장지이례 제지이례 가위

孝矣라하시니 諸侯之禮는 吾未之學也어니와 雖然
효의 제후지례 오미지학야 수연

이나 吾ㅣ 嘗聞之矣로니 三年之喪에 齊疏之服과
오 상문지의 삼년지상 재소지복

飦粥之食은 自天子達於庶人하야 三代ㅣ 共之
전죽지식 자천자달어서인 삼대 공지

하니라.

② 등나라 정공이 죽자, 세자가 연우에게 말하였다. "지난번에 맹자께서 일찍이 나와 더불어 송나라에서 말씀하셨는데, 내 마음에 끝내 잊혀지지 않습니다. 이제 불행하여 대고를 당하였으니, 내가 선생님으로 하여금 맹자께 묻게 한 뒤에 장례하는 일을 행하고자 합니다."

▌ 定公 : 문공의 아버지 ▌ 然友 : 세자의 스승
▌ 大故 : 부왕의 승하 ▌ 事 : 장례의 일

연우가 추 땅에 가서 맹자에게 묻자, 맹자가 말하였다. "좋지 않은가! 친상은 진실로 자기의 성의를 다해야 하는 것이다. 증자께서 말씀하시기를, '살아서 섬기기를 예로써 하며, 죽어서 장례하기를 예로써 하며, 제사하기를 예로써 하면 효라고 이를 수 있다'고 하셨다. 제후의 예는 내가 아직 배우지 않았지만, 그러나 내가 일찍이 들으니, 삼년상에 거친 상복을 입으며 미음과 죽을 먹는 것은 천자로부터 서인에 이르기까지 하·은·주 삼대가 공통이라고 한다."

▌ 증자의 말은 『논어』 학이편에 나온다. ▌ 齊 : 옷의 아래를 꿰맨 상복(재최복). ▌ 疏 : 거친 삼베 ▌ 飦 : 미음 전.

然友ㅣ 反命하야 定爲三年之喪한대 父兄百官
연우   반명   정위삼년지상   부형백관

이 皆不欲曰 吾宗國魯先君도 莫之行하시고 吾
  개불욕왈 오종국노선군   막지행   오

先君도 亦莫之行也하시니 至於子之身而反之
선군   역막지행야   지어자지신이반지

不可하이다. 且志에 曰 喪祭는 從先祖라하니 曰吾
불가   차지 왈 상제   종선조   왈오

有所受之也니이다.
유소수지야

謂然友曰吾ㅣ他日에 未嘗學問이요 好馳馬
위연우왈오 타일   미상학문   호치마

試劍하더니 今也에 父兄百官이 不我足也하니 恐
시검   금야   부형백관   불아족야   공

其不能盡於大事하노니 子ㅣ爲我問孟子하라.
기불능진어대사   자 위아문맹자

然友ㅣ復之鄒하야 問孟子한대 孟子ㅣ曰然하다.
연우 부지추   문맹자   맹자 왈연

不可以他求者也라. 孔子ㅣ曰 君薨커시든 聽於
불가이타구자야   공자 왈 군훙   청어

冢宰하나니 歠粥하고 面深墨하야 卽位而哭이어든
총재   철죽   면심묵   즉위이곡

百官有司ㅣ莫敢不哀는 先之也라. 上有好者면
백관유사 막감불애   선지야   상유호자

下必有甚焉者矣니 君子之德은 風也요 小人
하필유심언자의   군자지덕   풍야   소인

연우가 복명하여 3년 상을 하기로 정하자, 부형과 백관이 모두 하고자 하지 않으면서 말하였다. "우리의 종주국인 노나라 선군께서도 이것을 행하지 않으셨고, 우리 선군께서도 또한 행하지 않으셨으니, 그대의 몸에 이르러 이것을 뒤집는 것은 불가합니다. 또 옛 기록에 이르기를 '상례와 제례는 선조를 따르라'고 하였으니, 이것은 우리들이 전수 받은 바가 있기 때문입니다."

▎反命 : 명을 받고 갔다가 그 일을 끝내고 돌아와서 보고하는 것(復命) ▎父兄 : 동성의 늙은 친척.

세자가 연우에게 말하였다. "내가 지난날에 일찍이 학문을 하지 않았고, 말달리기와 칼 쓰기를 좋아하였는데, 지금 부형과 백관들이 나를 만족하게 여기지 않으니, 대사에 예를 다하지 못할까 염려스럽습니다. 선생님은 나를 위하여 맹자께 물어보십시오."

연우가 다시 추 땅에 가서 맹자에게 묻자, 맹자가 말하였다. "그러하겠다. 다른 것에서 찾을 것이 없다. 공자께서 말씀하시기를 '임금이 죽으면 (세자는 모든 정사를 총재에게 위임하여 백관들이) 명령을 총재에게 듣는다. 세자가 죽을 먹고 얼굴이 짙은 흑색이 되어 자리에 나아가 곡을 하면, 백관과 유사들이 감히 슬퍼하지 않음이 없는 것은 윗사람이 솔선수범하기 때문이다. 위에서 무엇을 좋아하면 아래에서는 반드시 그보다 더 심한 것이다. 군자의 덕은 바람이고 소인의 덕은 풀이니, 풀 위에 바람이 가해지면 반드시 쓰러진다'고 하셨으니, 이것은 세자에게 달려 있는 것이다."

▎冢宰 : 육경의 우두머리 ▎歠 : 마실 철

之德은 草也니 草尚之風이면 必偃이라하시니 是在
世子하니라.

然友ㅣ 反命한대 世子ㅣ 曰然하다. 是誠在我라하
시고 五月居廬하야 未有命戒어시늘 百官族人이 可
謂曰知라하며 及至葬하야 四方이 來觀之하더니 顔
色之戚과 哭泣之哀에 吊者ㅣ 大悅하더라.

③ 滕文公이 問爲國하신대 孟子ㅣ 曰 民事는 不可
緩也니 詩云 晝爾于茅요 宵爾索綯하야 亟其乘
屋이오사 其始播百穀이라하니이다.

民之爲道也ㅣ 有恒産者는 有恒心이요 無恒産
者는 無恒心이니 苟無恒心이면 放辟邪侈를 無不
爲已니 及陷乎罪然後에 從而刑之면 是는 罔民

▎卽 : 나아갈 즉(≒就) ▎尙 : 가할 상(≒加) ▎총재에게 맡기는 내용은 『논어』의 헌문편에 보이고, 군자의 덕과 소인의 덕은 안연편에 보인다.

 연우가 복명하자, 세자가 말하기를, "그렇다. 이것은 진실로 나에게 달려 있다"라 하고, 5개월 동안 여막에 거처하여 명령과 경계를 내리지 않았다. 이에 백관과 종족들이 다 말하기를 "예를 안다"고 하였으며, 장례 때에 이르러 사방에서 와 구경하였는데, 얼굴빛의 슬퍼함과 울기를 애통해함을 보고 조문하는 자들이 크게 흡족해하였다.

▎五月居廬 : 제후는 5개월 뒤에 장례를 지내고, 그동안은 중문中門의 여막에서 지낸다.

---

③ 등나라 문공이 나라 다스리는 것에 대해 묻자, 맹자가 말하였다. "농사는 느슨히 할 수가 없습니다. 『시경』에 이르기를, '낮이면 가서 띠풀을 베어 오고/ 밤이면 새끼 꼬아서/ 빨리 그 지붕에 올라가 지붕을 이어야/ 다음 해에 다시 백곡을 파종할 수 있다'고 하였습니다."

▎民事≒農事 ▎『시경』: 豳風편 七月시.

 "백성이 살아가는 방법은 항상한 직업이 있는 자는 항상한 마음을 갖고, 항상한 직업이 없는 자는 항상한 마음이 없는 것이니, 만일 항상한 마음이 없으면 방탕과 사치를 하지 않음이 없을 것입니다. 급기야 죄에 빠진 후에 죄에 따라 그들을 형벌한다면, 이는 백성을 그물질하는 것입니다.

也니 焉有仁人이 在位하야 罔民을 而可爲也리오?
야 언유인인 재위 망민 이가위야

是故로 賢君이 必恭儉하야 禮下하며 取於民이 有
시고 현군 필공검 예하 취어민 유

制니이다. 陽虎ㅣ 曰爲富면 不仁矣요 爲仁이면 不
제 양호 왈위부 불인의 위인 불

富矣라하니이다.
부의

夏后氏는 五十而貢하고 殷人은 七十而助하고 周
하후씨 오십이공 은인 칠십이조 주

人은 百畝而徹하니 其實은 皆什一也니 徹者는
인 백묘이철 기실 개십일야 철자

徹也요 助者는 藉也니이다.
철야 조자 자야

龍子ㅣ 曰治地는 莫善於助요 莫不善於貢이니
용자 왈치지 막선어조 막불선어공

貢者는 校數歲之中하야 以爲常하나니 樂歲에 粒
공자 교수세지중 이위상 낙세 입

米狼戾하야 多取之而不爲虐이라도 則寡取之하
미랑려 다취지이불위학 즉과취지

고 凶年에 糞其田而不足이어늘 則必取盈焉하나니
흉년 분기전이부족 즉필취영언

爲民父母라 使民으로 盻盻然將終歲勤動하야
위민부모 사민 예예연장종세근동

不得以養其父母하고 又稱貸而益之하야 使老
부득이양기부모 우칭대이익지 사노

인한 사람이 지위에 있으면서 백성을 그물질하는 것이 어디에 있습니까? 이 때문에 현명한 군주는 반드시 공손하고 검소하여 아랫사람을 예우하며, 백성들에게 세금을 취함에 제한이 있는 것입니다. 양호가 말하기를, '부자가 되는 일을 하면 인하지 못하고, 인을 하면 부자가 못 된다'고 하였습니다."

▎陽虎 : 노나라 季氏의 가신으로 陽貨를 말한다. 양호는 인을 행하면 부하지 못할까봐 이런 말을 한 것인데, 맹자는 부를 추구하면 인을 행하지 못할까봐 인용하신 것이다.

　"하후씨(하나라)는 50묘에 공법을 썼고, 은나라 사람은 70묘에 조법을 썼고, 주나라 사람은 백 묘에 철법을 썼습니다. 그 실제는 모두 10분의 1이니, 철은 통한다는 뜻이고, 조는 빌린다는 뜻입니다."

▎貢 : 1/10을 세금법　▎助 : 井田法에서 公田을 공동 경작하여 세금으로 바치는 법　▎徹 : 貢과 助의 세금을 병행.

　"용자가 말하기를, '토지를 다스리는 것은 조법보다 좋은 것이 없고, 공법보다 나쁜 것이 없으니, 공법이란 몇 년의 중간치를 비교하여 일정한 수를 내게 하는 것이다. 풍년에는 곡식이 낭자하여 많이 취하여도 포악함이 되지 않는데도 적게 취하고, 흉년에는 그 토지에 비료를 주기에도 부족한데도 반드시 일정액을 가득히 채운다. 백성의 부모가 되어서 백성으로 하여금 한스럽게 흘겨보게 하고, 장차 일년 내내 부지런히 노동하여도 그 부모를 봉양할 수 없게 하며, 또 빚을 내어 보태어서 세금을 내게 하여, 늙은이와 어린아이로 하여금 구덩이나 골짜기에서 죽어 굴러다니게 한다면, 어찌 그 백성의 부모됨이 있겠는가?'라고 하였습니다."

▎龍子 : 옛 현인　▎狼戾 : 많음(≒狼藉)　▎糞 : 북돋을 분

稚로 轉乎溝壑이면 惡在其爲民父母也리오하니이다.
치 전호구학 오재기위민부모야

夫世祿은 滕이 固行之矣니이다. 詩云 雨我公田
부세록 등 고행지의 시운 우아공전

하야 遂及我私라하니 惟助에 爲有公田하니 由此觀
수급아사 유조 위유공전 유차관

之컨댄 雖周나 亦助也로소이다.
지 수주 역조야

設爲庠序學校하야 以敎之하니 庠者는 養也요 校
설위상서학교 이교지 상자 양야 교

者는 敎也요 序者는 射也라. 夏曰 校요 殷曰 序요
자 교야 서자 사야 하왈교 은왈서

周曰 庠이요 學則三代共之하니 皆所以明人倫
주왈상 학즉삼대공지 개소이명인륜

也라. 人倫이 明於上이면 小民이 親於下니이다.
야 인륜 명어상 소민 친어하

有王者ㅣ 起면 必來取法하리니 是爲王者師也니
유왕자 기 필래취법 시위왕자사야

이다. 詩云 周雖舊邦이나 其命維新이라하니 文王
시운 주수구방 기명유신 문왕

之謂也니 子ㅣ 力行之하시면 亦以新子之國하시리
지위야 자 역행지 역이신자지국

이다.

使畢戰으로 問井地하신대 孟子ㅣ 曰 子之君이 將
사필전 문정지 맹자 왈 자지군 장

▌盈 : 가득할 영(≒滿) ▌睨 : 한스럽게 볼 예
▌貸 : 빌릴 대 稚 : 어린 자식 치.

"대대로 주는 봉록은 등나라가 진실로 시행하고 있습니다. 『시경』에 이르기를, '우리 공전에 비를 내려/ 마침내 우리 사전에 미친다'고 하였으니, 오직 조법에만 공전이 있는 것으로, 이로 말미암아 관찰한다면 주나라도 또한 조법을 쓴 것입니다."

▌『시경』: 北山편 大田시.

"상·서·학·교를 설치하여 백성들을 가르쳤으니, 상은 봉양한다는 뜻이고, 교는 가르친다는 뜻이고, 서는 활쏘기를 익힌다는 뜻입니다. 하나라에서는 교라 하였고, 은나라에서는 서라 하였고, 주나라에서는 상이라 하였으며, 학은 삼대가 이름을 함께 하였으니, 이는 모두 인륜을 밝히는 것이었습니다. 인륜이 위에서 밝으면 소민들이 아래에서 친해집니다."

▌상庠·서序·교校는 향학鄕學이고, 학學은 국학國學이다.

"왕자가 나오면 반드시 와서 본보기로 취할 것이니, 이는 왕자의 스승이 되는 것입니다. 『시경』에 이르기를, '주나라가 비록 오래된 나라이나/ 그 명은 새롭다'고 하였으니, 이는 문왕을 이른 것입니다. 그대가 힘써 행한다면 또한 그대의 나라를 새롭게 할 수 있을 것입니다."

▌『시경』: 文王편 文王시.

필전畢戰을 시켜 정전에 대해 묻게 하자, 맹자가 대답하였다. "그대의 군주가 장차 인정을 행하고자 하여 선택하여 그

行仁政하야 選擇而使子하시니 子必勉之어다. 夫
행인정   선택이사자   자필면지   부

仁政은 必自經界始니 經界l 不正이면 井地l
인정 필자경계시 경계 부정   정지

不均하며 穀祿이 不平하리니 是故로 暴君汙吏는
불균   곡록   불평   시고   포군오리

必慢其經界하나니 經界l 旣正이면 分田制祿은
필만기경계   경계   기정   분전제록

可坐而定也니라.
가좌이정야

夫滕이 壤地l 褊小하나 將爲君子焉이며 將爲
부등   양지 편소   장위군자언   장위

野人焉이니 無君子면 莫治野人이요 無野人이면
야인언   무군자   막치야인   무야인

莫養君子니라. 請野에 九一而助하고 國中에 什
막양군자   청야   구일이조   국중   십

一하야 使自賦하라. 卿以下는 必有圭田하니 圭田
일   사자부   경이하 필유규전   규전

은 五十畝니라. 餘夫는 二十五畝니라.
  오십묘   여부   이십오묘

死徙에 無出鄕이니 鄕田同井이 出入에 相友하며
사사   무출향   향전동정   출입   상우

守望에 相助하며 疾病에 相扶持하면 則百姓이 親
수망   상조   질병   상부지   즉백성   친

睦하리라.
목

대를 시키셨으니, 그대는 반드시 힘쓸지어다. 인정은 반드시 토지의 경계를 다스리는 것으로부터 시작되는 것이니, 경계를 다스리는 것이 바르지 못하면 정전이 균등하지 못하며, 곡록이 공평하지 못하게 된다. 이러므로 폭군과 오리들은 반드시 그 경계를 다스리는 일을 태만히 하니, 경계를 다스리는 것이 이미 바르게 되면 토지를 나누어주고 봉록을 제정해주는 일은 가만히 앉아서도 정해질 수 있는 것이다."

▎畢戰 : 등나라 신하　▎經界 : 땅을 다스리고 토지를 나눔.

"등나라는 국토가 좁고 작으나, 장차 군자가 될 사람이 있으며, 장차 야인이 될 사람도 있을 것이니, 군자가 없으면 야인을 다스리지 못하고, 야인이 없으면 군자를 봉양할 수 없다. 청하건대, 들에서는 9분의 1 세법을 써서 조법을 시행하고, 서울에서는 10분의 1 세법(貢)을 써서 스스로 세금을 바치게 하도록 하라. 경 이하는 반드시 규전이 있었으니, 규전은 50묘이다. 여부에게는 25묘를 준다."

▎圭田 : 제사를 받드는 경비를 조달하기 위한 밭
▎餘夫 : 가장과 같이 사는 장정.

"죽거나 이사함에 고을을 벗어남이 없으니, 고을의 밭에 정전을 함께 한 자들이 나가고 들어 올 때에 서로 짝하며, 도둑을 지키고 망볼 때에 서로 도우며, 질병이 있을 때에 서로 붙들어 주고 잡아 준다면 백성들이 친목하게 될 것이다."

▎友 : 짝할 우(≒伴).

方里而井이니 井이 九百畝니 其中이 爲公田이라.
방리이정 정 구백묘 기중 위공전

八家ㅣ 皆私百畝하야 同養公田하야 公事를 畢然
팔가 개사백묘 동양공전 공사 필연

後에 敢治私事니 所以別野人也니라. 此其大略
후 감치사사 소이별야인야 차기대략

也니 若夫潤澤之則在君與子矣니라.
야 약부윤택지즉재군여자의

④ 有爲神農之言者許行이 自楚之滕하야 踵門
유위신농지언자허행 자초지등 종문

而告文公曰 遠方之人이 聞君의 行仁政하고
이고문공왈 원방지인 문군 행인정

願受一廛而爲氓하노이다.
원수일전이위맹

文公이 與之處하시니 其徒數十人이 皆衣褐하고
문공 여지처 기도수십인 개의갈

捆屨織席하야 以爲食하더라.
곤구직석 이위식

陳良之徒陳相이 與其弟辛으로 負耒耜而自宋
진량지도진상 여기제신 부뢰사이자송

之滕하야 曰 聞君의 行聖人之政호니 是亦聖人
지등 왈문군 행성인지정 시역성인

也시니 願爲聖人氓하노이다.
야 원위성인맹

"사방 1리가 1정#이니, 정은 9백 묘이고, 그 가운데가 공전公田이다. 여덟 집에서 모두 백 묘씩을 사전으로 받아서 함께 공전을 가꾸어, 공전의 일을 끝마친 다음에 감히 사전의 일을 다스리니, 이는 군자와 야인을 구별한 것이다. 이것이 그 대략이니, 이것을 윤택하게 하는 것으로 말하면, 군주와 그대에게 달려 있다."

❙ 公田 : 공전은 군자를 봉양하기 위한 것이고, 사전은 야인이 먹고 살기 위한 것으로, 군자의 일부터 먼저 하는 것이다.

④ 신농씨의 말을 하는 허행許行이 초나라에서 등나라로 가서 궁궐의 문에 이르러 문공에게 아뢰었다. "먼 지방 사람이 군주께서 인정을 행하신다는 말을 듣고, 한 자리를 받아 백성이 되기를 원합니다."

문공이 그에게 거처할 곳을 주니, 그 무리 수십 명이 모두 갈옷을 입고는 신을 두드려 만들고 자리를 짜서, 그것을 팔아 양식을 마련하였다.

❙ 神農 : 炎帝신농씨. ❙ 許行 : 성은 허, 이름은 행.
❙ 踵門 : 발이 문에 이르름. ❙ 廛 : 자리 전. ❙ 捆 : 두드릴 곤.

진량의 문도인 진상이 그 아우 진신과 함께 쟁기와 보습을 지고 송나라에서 등나라로 가서 말하였다. "군주께서 성인의 정사를 행하신다는 말을 들었으니, 이 또한 성인이시니, 성인의 백성이 되기를 원합니다."

❙ 陳良 : 초나라의 儒者. ❙ 耒 : 쟁기 뢰. ❙ 耜 : 보습 사.

陳相이 見許行而大悅하야 盡棄其學而學焉이러
진 상   견 허 행 이 대 열   진 기 기 학 이 학 언

니 陳相이 見孟子하야 道許行之言曰 滕君則誠
  진 상   견 맹 자   도 허 행 지 언 왈 등 군 즉 성

賢君也어니와 雖然이나 未聞道也로다. 賢者는 與
현 군 야   수 연   미 문 도 야   현 자   여

民並耕而食하며 饔飧而治하나니 今也에 滕有倉
민 병 경 이 식   옹 손 이 치   금 야   등 유 창

廩府庫하니 則是厲民而以自養也니 惡得賢이리
름 부 고   즉 시 려 민 이 이 자 양 야   오 득 현

오?

孟子ㅣ 曰 許子는 必種粟而後에 食乎아?
맹 자   왈 허 자   필 종 속 이 후   식 호

曰然하다.
왈 연

許子는 必織布而後에 衣乎아?
허 자   필 직 포 이 후   의 호

曰否라. 許子는 衣褐이니라.
왈 부   허 자   의 갈

許子는 冠乎아? 曰冠이니라.
허 자   관 호   왈 관

曰奚冠고? 曰冠素니라.
왈 해 관   왈 관 소

曰 自織之與아? 曰否라. 以粟易之니라.
왈 자 직 지 여   왈 부   이 속 역 지

진상이 허행을 보고 크게 기뻐하여, 배운 것을 다 버리고 그에게 배우더니, 진상이 맹자를 보고서 허행의 말을 전하였다. "등나라 군주는 진실로 현명한 군주이지만, 그러나 아직도는 듣지 못하였습니다. 현명한 사람은 백성들과 더불어 함께 밭 갈고 먹으며, 밥을 짓고서 정치를 합니다. 지금 등나라에는 곡식 창고와 물건 창고가 있으니, 이는 백성을 괴롭혀서 자기를 봉양하는 것입니다. 어찌 현명할 수 있겠습니까?"

▎饔 : 아침 밥 옹　▎飧 : 저녁 밥 손　▎饔飧 : 밥을 지음.

　맹자가 물었다. "허자(허선생:허행)는 반드시 곡식을 심은 뒤에 먹는가?"

　진상이 대답하기를 "그렇습니다."

　맹자가 묻기를 "허자는 반드시 베를 짠 뒤에 입는가?"

　진상이 답하기를 "아닙니다. 허자는 갈옷을 입습니다."

　맹자가 묻기를 "허자는 관을 쓰는가?" 진상이 답하기를 "관을 씁니다."

　맹자가 묻기를 "무슨 관을 쓰는가?" 진상이 답하기를 "흰 비단으로 관을 만듭니다."

　맹자가 묻기를 "스스로 그것을 짜는가?" 진상이 답하기를 "아닙니다. 곡식을 주고 바꿔옵니다."

　맹자가 묻기를 "허자는 어찌하여 스스로 관을 짜지 않는가?" 진상이 답하기를 "농사일에 방해가 되기 때문입니다."

曰 許子는 奚爲不自織고? 曰 害於耕이니라.
왈 허자 해위불자직   왈 해어경

曰 許子는 以釜甑爨하며 以鐵耕乎아? 曰然하다.
왈 허자 이부증찬   이철경호   왈연

自爲之與아? 曰否라. 以粟易之니라.
자위지여   왈부   이속역지

以粟易械器者ㅣ 不爲厲陶冶니 陶冶ㅣ 亦以
이속역계기자   불위려도야   도야 역이

其械器易粟者ㅣ 豈爲厲農夫哉리오? 且許子는
기계기역속자   기위려농부재   차허자

何不爲陶冶하야 舍皆取諸其宮中而用之하고
하불위도야   사개취저기궁중이용지

何爲紛紛然與百工交易고? 何許子之不憚煩
하위분분연여백공교역   하허자지불탄번

고?

曰 百工之事는 固不可耕且爲也니라.
왈 백공지사   고불가경차위야

然則治天下는 獨可耕且爲與아? 有大人之事
연즉치천하   독가경차위여   유대인지사

하며 有小人之事하니 且一人之身 而百工之所
   유소인지사   차일인지신 이백공지소

爲ㅣ 備하니 如必自爲而後에 用之면 是는 率天
위 비   여필자위이후   용지   시 솔천

下而路也니라. 故로 曰 或勞心하며 或勞力이니 勞
하이로야   고   왈 혹노심   혹노력   노

맹자가 묻기를 "허자는 가마솥과 시루로 밥을 지으며, 쇠붙이로 밭을 가는가?" 진상이 답하기를 "그렇습니다."

　맹자가 묻기를 "자기가 스스로 만드는가?" 진상이 답하기를 "아닙니다. 곡식을 주고 바꿔옵니다."

▎釜 : 가마솥 부 ▎甑 : 시루 증 ▎爨 : 불 땔 찬
▎鐵 : 쇠 철.

　"곡식을 가지고 그릇이나 연장을 바꾸는 것이 옹기장이나 대장장이를 해치는 것이 되지 아니하니, 옹기장이나 대장장이 또한 그릇이나 연장을 가지고 곡식과 바꾸는 것이 어찌 농부를 해치는 것이 되겠는가? 또 허자는 어찌 옹기장이나 대장장이 노릇을 하여 다만 모두 그 집안에서 취하여 쓰지 아니하고, 분분하게 백공百工들과 교역하는가? 어찌하여 허자는 번거로움을 꺼리지 않는가?"

　진상이 답하였다. "백공의 일은 진실로 밭을 갈면서 또 할 수는 없는 것입니다."

▎械器 : 가마솥과 시루 등을 일컬음 ▎陶 : 옹기장이 도
▎冶 : 대장장이 야 ▎舍 : 다만 사(≒止).

　"그렇다면 유독 천하를 다스리는 것만은 밭을 갈면서도 할 수 있단 말인가? 대인의 일이 있고 소인의 일이 있다. 또 한 사람의 몸에 백공의 하는 일이 구비되어야 하니, 만일 반드시 자기가 만든 뒤에야 쓴다면, 이는 천하 사람을 몰아서 분주히 길을 왕래하게 하는 것이다. 그러므로 옛 말에 이르기를, '어떤 사람은 마음을 수고롭게 하며, 어떤 사람은 힘을 수고롭게 하니, 마음을 수고롭게 하는 자는 남을 다스리고, 힘을 수고롭게 하는 자는 남에게 다스려진다'고 하였다.

心者는 治人하고 勞力者는 治於人이라하니 治於人
者는 食人하고 治人者는 食於人이 天下之通義
也니라.

當堯之時하야 天下ㅣ 猶未平하야 洪水ㅣ 橫流하야 氾濫於天下하야 草木暢茂하며 禽獸繁殖이라. 五穀不登하며 禽獸偪人하야 獸蹄鳥跡之道ㅣ 交於中國이어늘 堯獨憂之하사 擧舜而敷治焉이어시늘 舜이 使益掌火하신대 益이 烈山澤而焚之하니 禽獸ㅣ 逃匿이어늘 禹ㅣ 疏九河하며 瀹濟漯而注諸海하시며 決汝漢하며 排淮泗而注之江하시니 然後에 中國이 可得而食也하니 當是時也하야 禹ㅣ 八年於外에 三過其門而不入하시니 雖欲耕이나 得乎아?

남에게 다스려지는 자는 남을 먹여주고, 남을 다스리는 자는 남에게 얻어먹는 것이 천하의 공통된 의리이다."

▎路 : 도로를 분주하게 다녀서 휴식할 때가 없음.

"요임금의 때를 당하여 천하가 아직도 평정되지 못해서, 홍수가 멋대로 흘러 천하에 범람하여, 초목이 번창하고 무성하며 금수가 번식하였다. 오곡이 성숙하지 못하며 금수가 사람을 핍박하여, 짐승의 발자국과 새 발자국의 흔적이 중국에 교차하자, 요임금이 홀로 이를 걱정하여 순을 등용하여 다스림을 펴게 하였다.

순임금이 익으로 하여금 불을 맡게 하였는데, 익이 산택에 불을 질러 태우자, 금수가 도망하여 숨었다. 우가 아홉 하천을 소통시키고 제수와 탑수를 소통하게 하여 바다로 주입시키며, 여수와 한수를 트고 회수와 사수를 배수하여 강으로 주입시키니, 그런 뒤에 중국에서 곡식을 먹을 수가 있었다. 이때를 당하여 우가 8년 동안 밖에 있으면서 세 번이나 집의 문 앞을 지나가면서도 들어가지 못하였으니, 비록 밭 갈고자 하나 할 수 있었겠는가?"

▎洪 : 클 홍(≒大) ▎橫流 : 그 길을 따르지 않고 넘쳐서 멋대로 흐르는 것 ▎氾濫 : 횡류하는 모양 ▎暢茂 : 창성함
▎繁殖 : 많이 불어남 ▎五穀 : 벼·기장·피·보리·콩.
▎登 : 성숙할 등 ▎敷 : 펼 부(≒布) ▎益 : 순임금의 신하.

后稷이 敎民稼穡하야 樹藝五穀한대 五穀이 熟而
후직   교민가색   수예오곡   오곡   숙이

民人이 育하니 人之有道也에 飽食煖衣하야 逸居
민인   육   인지유도야   포식난의   일거

而無敎면 則近於禽獸일새 聖人이 有憂之하사 使
이무교   즉근어금수   성인   유우지   사

契爲司徒하야 敎以人倫하시니 父子有親이며 君
설위사도   교이인륜   부자유친   군

臣有義며 夫婦有別이며 長幼有序며 朋友有信
신유의   부부유별   장유유서   붕우유신

이니라. 放勳이 曰勞之來之하며 匡之直之하며 輔
        방훈   왈로지래지   광지직지   보

之翼之하야 使自得之하고 又從而振德之라하시니
지익지   사자득지   우종이진덕지

聖人之憂民이 如此하시니 而暇耕乎아?
성인지우민   여차   이가경호

堯ㅣ 以不得舜으로 爲己憂하시고 舜이 以不得禹
요   이부득순   위기우   순   이부득우

皐陶로 爲己憂하시니 夫以百畝之不易로 爲己
고요   위기우   부이백묘지불이   위기

憂者는 農夫也니라.
우자   농부야

分人以財를 謂之惠요 敎人以善을 謂之忠이요
분인이재   위지혜   교인이선   위지충

爲天下得人者를 謂之仁이니 是故로 以天下與
위천하득인자   위지인   시고   이천하여

"후직이 백성들에게 농사를 가르쳐서 오곡을 심고 가꾸게 하였는데, 오곡이 성숙함에 인민이 잘 길러졌다.

인간에게는 도리가 있는데, 배불리 먹고 따스하게 옷을 입고서 편안히 거처하기만 하고 가르침이 없으면 금수에 가까워진다. 이 때문에 성인이 이를 근심하여, 설을 사도로 삼아 인륜을 가르치게 하셨으니, 부모와 자식 사이에는 친함이 있으며, 임금과 신하 사이에는 의리가 있으며, 남편과 아내 사이에는 분별이 있으며, 어른과 어린이 사이에는 차례가 있으며, 친구 사이에는 믿음이 있는 것이다.

요임금이 말하기를 '위로하여 오게 하며, 바로잡아주고 펴주며, 도와주고 도와주어 스스로 본성을 얻게 하고, 또 성품을 따라서 진작하고 은혜를 베풀어준다'고 하였다. 성인이 백성을 걱정함이 이와 같으시니, 어느 겨를에 밭을 갈겠는가?"

▌后稷 : 관직 이름으로 棄가 담당했으므로 기를 뜻하는 말이 되었다. ▌樹藝 : 심고 가꿈 ▌契 : 순의 신하 설 ▌司徒 : 교육을 맡은 장관 ▌德 : 은혜 덕(≒惠)

"요임금은 순을 얻지 못할 것을 자기의 근심으로 삼으셨고, 순임금은 우와 고요를 얻지 못할 것을 자기의 근심으로 삼으셨으니, 백 묘가 다스려지지 못한 것을 자기의 근심으로 삼는 자는 농부이다."

▌易 : 다스릴 이.

"남에게 재물을 나누어주는 것을 은혜라 이르고, 남에게 선을 가르쳐 주는 것을 충이라 이르고, 천하 사람들을 위하여 인재를 얻는 것을 인이라 이른다. 그러므로 천하를 남에게 주기는 쉽고, 천하를 위하여 인재를 얻기는 어려운 것이다."

人은 易하고 爲天下得人은 難하니라.
인   이   위천하득인   난

孔子ㅣ 曰大哉라! 堯之爲君이여! 惟天이 爲大어
공자   왈대재   요지위군   유천   위대

늘 惟堯ㅣ 則之하시니 蕩蕩乎民無能名焉이로다.
   유요   칙지   탕탕호민무능명언

君哉라! 舜也여! 巍巍乎有天下而不與焉이라하시
군재   순야   외외호유천하이불여언

니 堯舜之治天下ㅣ 豈無所用其心哉시리오마는
   요순지치천하   기무소용기심재

亦不用於耕耳시니라.
역불용어경이

吾聞用夏變夷者요 未聞變於夷者也케라. 陳
오문용하변이자   미문변어이자야   진

良은 楚産也니 悅周公仲尼之道하야 北學於中
량   초산야   열주공중니지도   북학어중

國이어늘 北方之學者ㅣ 未能或之先也하니 彼所
국   북방지학자   미능혹지선야   피소

謂豪傑之士也라. 子之兄弟ㅣ 事之數十年이라
위호걸지사야   자지형제   사지수십년

가 師死而遂倍之온여!
   사사이수배지

昔者에 孔子ㅣ 沒커시늘 三年之外에 門人이 治任
석자   공자   몰   삼년지외   문인   치임

將歸할새 入揖於子貢하고 相嚮而哭하야 皆失聲
장귀   입읍어자공   상향이곡   개실성

"공자께서 말씀하시기를, '위대하다, 요의 임금노릇 하심이여! 오직 하늘이 위대한데 요임금이 이것을 본받으셨으니, 넓고 넓어서 백성들이 덕을 형용할 수가 없도다. 임금답다, 순이여! 높고 높아서 천하를 소유하고도 관여하지 않으셨다'고 하셨다. 요임금과 순임금이 천하를 다스림에 어찌 그 마음을 쓴 바가 없으셨겠는가마는 또한 밭가는 데에는 쓰지 않으셨다."

| 則 : 법칙 칙(=法) 蕩蕩 : 넓고 넓은 모양 공자님 말씀은 『논어』의 태백편에 보인다. 君哉 : 임금의 도리를 다함을 감탄함 巍巍 : 높고 높은 모양 不與 : 관여치 않음

"나는 중화의 법을 써서 오랑캐의 도를 변화시켰다는 말은 들었지만, 오랑캐에게 변화당했다는 말은 듣지 못하였다. 진량은 초나라 태생인데, 주공·중니의 도를 좋아하여 북쪽으로 중국에 가서 공부하자, 북방의 학자들이 혹여라도 그보다 앞선 자가 없었으니, 그는 이른바 호걸스러운 선비라는 것이다. 그대의 형제가 그를 섬기기를 수십 년 동안 하다가 스승이 죽자, 마침내 배반하는구나!"

| 倍 : 배반할 배(=背).

"옛적에 공자께서 별세하시자, 3년이 지난 다음 문인들이 짐을 챙겨 장차 돌아갈 적에, 들어가서 자공에게 읍하고 서로 향하여 통곡하여 모두 목이 쉰 뒤에 돌아갔다."

| 嚮 : 향할 향.

然後에 歸어늘 子貢은 反築室於場하야 獨居三
연후 귀 자공 반축실어장 독거삼

年然後에 歸하니라. 他日에 子夏子張子游ㅣ 以
년연후 귀 타일 자하자장자유 이

有若似聖人이라하야 欲以所事孔子로 事之하야
유약사성인 욕이소사공자 사지

彊曾子한댄 曾子ㅣ 曰 不可하니 江漢以濯之며
강증자 증자 왈 불가 강한이탁지

秋陽以暴之라 皜皜乎不可尚已라하시니라.
추양이폭지 호호호불가상이

今也에 南蠻鴃舌之人이 非先王之道어늘 子ㅣ
금야 남만격설지인 비선왕지도 자

倍子之師而學之하니 亦異於曾子矣로다.
배자지사이학지 역이어증자의

吾聞出於幽谷하야 遷于喬木者요 未聞下喬木
오문출어유곡 천우교목자 미문하교목

而入於幽谷者케라. 魯頌에 曰 戎狄是膺하니 荊
이입어유곡자 노송 왈 융적시응 형

舒是懲이라하니 周公이 方且膺之어시늘 子是之學
서시징 주공 방차응지 자시지학

하니 亦爲不善變矣로다.
역위불선변의

從許子之道則市賈ㅣ 不貳하야 國中이 無僞하야
종허자지도즉시가 불이 국중 무위

雖使五尺之童으로 適市라도 莫之或欺니 布帛
수사오척지동 적시 막지혹기 포백

"자공은 다시 돌아와 묘 마당에 집을 짓고서 홀로 3년을 거처한 뒤에 돌아갔다.

후일에 자하·자장·자유가 유약이 공자와 비슷하게 생겼다 하여, 공자를 섬기던 바의 예로써 그를 섬기고자 해서 증자에게 강요하자, 증자가 말하기를, '불가하니, (공자께서는) 장강과 한수의 물로 씻은 것과 같이 깨끗하며, 가을볕으로 쪼인 것과 같이 맑은지라, 희고 희어서 더할 수 없다'고 하였다."

▎ 아랫 글에서 증자를 칭찬하는 내용을 볼 때. "증자가 말하기를 '불가하다'고 하였으니, 증자는 장강과 한수의 물로 씻은 것과 같이 깨끗하며, 가을볕으로 쪼인 것과 같이 맑은지라, 희고 희어서 더할 수 없는 사람이다."로 해석도 가능.

"지금 남만의 왜가리 소리를 내는 사람이 선왕의 도를 비난하거늘, 그대는 그대의 스승을 배반하고 이를 배우니, 또한 증자와 다르도다."

"나는 어두운 골짜기에서 나와 높은 나무로 옮겨간다는 말은 들었지만, 높은 나무에서 내려 어두운 골짜기로 들어간다는 말은 듣지 못하였다. 『시경』「노송」에 이르기를 '융과 적을 치니/ 형과 서가 이에 징계되었다'고 하였다. 주공도 바야흐로 이들을 응징하셨는데, 그대는 이것을 배우니, 또한 잘 변화하지 못하는 것이다."

▎ 魯頌:『시경』魯頌편 閟宮시　▎ 膺 : 칠 응
▎ 懲 : 징계할 징

진상이 말했다. "허행의 도를 따르면 물건 값이 두 가지가 아니어서 온 나라 안에 거짓이 없게 되니, 비록 5척의 동자로 하여금 시장에 가게 하더라도 혹시라도 그를 속이는 자가 없을 것입니다.

長短이 同則賈相若하며 麻縷絲絮輕重이 同則
장단 동즉가상약   마루사서경중   동즉

賈相若하며 五穀多寡ㅣ 同則賈相若하며 屨大
가상약   오곡다과   동즉가상약   구대

小ㅣ 同則賈相若이니라.
소   동즉가상약

曰 夫物之不齊는 物之情也니 或相倍蓰하며
왈 부물지부제 물지정야   혹상배사

或相什伯하며 或相千萬이어늘 子ㅣ 比而同之하니
혹상십백   혹상천만   자   비이동지

是는 亂天下也로다. 巨屨小屨ㅣ 同賈면 人豈爲
시   난천하야   거구소구   동가 인기위

之哉리오? 從許子之道면 相率而爲僞者也니
지재   종허자지도   상솔이위위자야

惡能治國家리오?
오능치국가

---

⑤ 墨者夷之ㅣ 因徐辟而求見孟子한대 孟子ㅣ 曰
  묵자이지   인서벽이구견맹자   맹자   왈

吾ㅣ 固願見이러니 今吾ㅣ 尙病이라. 病愈어든 我且
오   고원견   금오   상병   병유   아차

往見호리니 夷子는 不來니라.
왕견   이자   불래

他日에 又求見孟子한대 孟子ㅣ 曰吾ㅣ 今則可
타일 우구견맹자   맹자   왈오   금즉가

베와 비단의 길고 짧음이 같으면 값이 서로 같으며, 삼과 실·생사와 솜의 가볍고 무거움이 같으면 값이 서로 같으며, 오곡의 많고 적음이 같으면 값이 서로 같으며, 신의 크고 작음이 같으면 값이 서로 같을 것입니다."

맹자가 말하였다. "물건의 값이 똑같지 않은 것은 물건의 실정에 따른 것이니, 값의 차이가 혹은 서로 배가 되고 5배가 되며, 혹은 서로 10배가 되고 백배가 되며, 혹은 서로 천 배가 되고 만 배가 된다. 그대는 이것을 나란히 하여 똑같이 하려 하니, 이는 천하를 어지럽히는 짓이다. 만일 큰 신과 작은 신의 값이 같다면, 사람들이 어찌 큰 신을 만들겠는가? 허자의 도를 따른다면 서로 이끌고서 거짓을 행할 것이니, 어떻게 국가를 다스릴 수 있겠는가?"

▎ 蓰 : 다섯갑절 사 ▎ 比 : 나란히 할 비.

⑤ 묵가인 이지夷之가 서벽을 통하여 맹자를 뵙기를 요구하자, 맹자가 말하였다. "내가 진실로 만나보기를 원하지만, 지금은 아직 내가 병중에 있다. 병이 낫거든 내가 또한 가서 만나볼 것이니, 이자(이선생, 이지)는 올 것이 없다."

▎ 徐辟 : 맹자의 제자 ▎ 夷子 : 이지를 높여 부른 호칭.

후일에 또다시 맹자를 뵙기를 요구하자, 맹자가 말하였다. "내가 지금은 그를 만나 볼 수 있지만, 직설적으로 펴지 않

以見矣어니와 不直則道不見하나니 我且直之호리
이견의　　　부직즉도불견　　　 아차직지

라. 吾聞夷子는 墨者라호니 墨之治喪也는 以薄
　 오문이자　묵자　　 묵지치상야　　이박

爲其道也라 夷子ㅣ 思以易天下하나니 豈以爲
위기도야　 이자 　사이역천하　　　 기이위

非是而不貴也리오? 然而夷子ㅣ 葬其親이 厚하
비시이불귀야　　 　연이이자　 장기친　 후

니 則是以所賤事親也로다.
　 즉시이소천사친야

徐子ㅣ 以告夷子한대 夷子ㅣ 曰 儒者之道에 古
서자　 이고이자　　 이자 　왈 유자지도　 고

之人이 若保赤子라하니 此言은 何謂也오? 之則
지인　 약보적자　　　 차언　 하위야　　지즉

以爲愛無差等이요 施由親始라하노라.
이위애무차등　　 시유친시

徐子ㅣ 以告孟子한대 孟子ㅣ 曰 夫夷子는 信以
서자　 이고맹자　　 맹자 　왈 부이자　 신이

爲人之親其兄之子ㅣ 爲若親其鄰之赤子乎
위인지친기형지자　　위약친기린지적자호

아? 彼有取爾也니 赤子匍匐將入井이 非赤子
　　 피유취이야　 적자포복장입정　 비적자

之罪也라. 且天之生物也ㅣ 使之一本이어늘 而
지죄야　　차천지생물야　 사지일본　　　 이

夷子는 二本故也로다.
이자　 이본고야

으면 도가 드러나지 못할 것이니, 내가 우선 직설적으로 말하겠다. 내가 듣기에 이자는 묵가라 하는데, 묵가가 상喪을 다스리는 것은 박함을 그 도로 삼는다. 이자는 이 도로써 천하의 풍속을 바꿀 것을 생각하니, 어찌 그 도를 옳지 않다고 여겨서 귀하게 여기지 않겠는가? 그런데도 이자는 그 어버이 장례하기를 후하게 하였으니, 이는 천하게 여기는 것으로써 어버이를 섬긴 것이다."

▌直 : 곧을 직, 바를 직.

서벽이 이 말을 이자에게 전하자, 이자가 말하였다 "유자儒者의 도에 '옛사람이 갓난아이를 보호하듯이 한다'고 하였으니, 이 말은 무슨 말인가? 나는 생각하기를 사랑에는 차등이 없고, 베푸는 것은 어버이로부터 시작한다고 여긴다."

서벽이 이 말을 맹자에게 아뢰자, 맹자가 말하였다. "이자는 진실로 생각하기를, 사람들이 그 형의 아들을 친히 하는 것이 그 이웃집의 갓난아이를 친히 하는 것과 같다고 여기는가? 저『서경』의 말은 다른 뜻을 취해야 하니, 갓난아이가 엉금엉금 기어서 장차 우물로 빠져들어 가는 것이 갓난아이의 죄가 아니라고 말한 것이다. 또 하늘이 만물을 낸 것은 근본이 하나이도록 하였는데, 이자는 근본이 둘이기 때문이다."

▌彼 :『서경』周書편 康誥시

蓋上世에 嘗有不葬其親者러니 其親이 死커늘
개상세   상유부장기친자   기친 사

則擧而委之於壑하고 他日過之할새 狐狸ㅣ 食
즉거이위지어학   타일과지   호리 식

之하며 蠅蚋ㅣ 姑嘬之어늘 其顙有泚하야 睨而不
지   승예   고최지   기상유자   예이불

視하니 夫泚也는 非爲人泚라 中心이 達於面目
시   부자야   비위인자   중심 달어면목

이니 蓋歸하며 反藁梩而掩之하니 掩之ㅣ 誠是也
   개귀   반류리이엄지   엄지   성시야

면 則孝子仁人之掩其親이 亦必有道矣니라.
   즉효자인인지엄기친   역필유도의

徐子ㅣ 以告夷子한대 夷子ㅣ 憮然爲間曰
서자   이고이자   이자   무연위간왈

命之矣샷다.
명지의

상고시대에 일찍이 그 어버이를 장례하지 않은 자가 있었는데, 그 어버이가 죽자 들어다가 골짜기에 버렸었다. 후일에 그 곳을 지날 적에 여우와 살쾡이가 파먹으며 파리와 등에가 모여서 빨아먹자, 그 이마에 땀이 흥건히 젖어서 곁눈질하여 보고 차마 똑바로 보지 못하였으니, 땀이 흥건히 젖은 것은 남들이 보기 때문에 땀에 젖은 것이 아니라, 속마음이 면목에 도달한 까닭이다. 아마도 그는 집으로 돌아와서 삼태기와 들것을 가지고 다시 돌아와 시신을 가렸을 것이니, 시신을 가리는 것이 진실로 옳다면, 후세의 효자와 인한 사람이 그 어버이를 가리는 것 또한 반드시 도리가 있는 것이다.

▮ 嘬:모여서 함께 파먹을 최 ▮ 泚:땀 흥건할 자 ▮ 蘽:삼태기 류 ▮ 梩:흙 담는 들것 리.

　서벽이 이 말을 이자에게 전하니, 이자가 망연자실하여 한동안 있다가 말했다. "나를 가르쳐 주셨다."

▮ 命:가르칠 명 ▮ 之:이지의 이름 지.

6. 滕文公章句 下

① 陳代曰 不見諸侯ㅣ 宜若小然하이다. 今一見
진대왈 불견제후 의약소연 금일견

之하시면 大則以王이요 小則以霸니 且志에 曰枉
지 대즉이왕 소즉이패 차지 왈왕

尺而直尋이라하니 宜若可爲也로소이다.
척이직심 의약가위야

孟子ㅣ 曰昔에 齊景公이 田할새 招虞人以旌한대
맹자 왈석 제경공 전 초우인이정

不至어늘 將殺之러니 志士는 不忘在溝壑이요 勇
부지 장살지 지사 불망재구학 용

士는 不忘喪其元이라하시니 孔子ㅣ 奚取焉고? 取
사 불망상기원 공자 해취언 취

非其招不往也시니 如不待其招而往엔 何哉오?
비기초불왕야 여부대기초이왕 하재

且夫枉尺而直尋者는 以利言也니 如以利則
차부왕척이직심자 이리언야 여이리즉

枉尋直尺而利라도 亦可爲與아?
왕심직척이리 역가위여

6. 등문공장구 하(10장)

① 진대가 말하였다. "제후를 만나보지 않는 것은 작은 절개를 지키는 것 같습니다. 이제 한 번 만나보시면 크게는 왕업을 이루고, 작게는 패업을 이룰 것입니다. 또 옛 기록에 '한 자를 굽혀 한 길을 편다'고 하였으니, 마땅히 할 만한 일일 듯합니다."

▎陳代 : 맹자의 제자 ▎尋 : 한 길 심=8자

맹자가 말하였다. "옛날에 제나라 경공이 사냥할 적에 동산지기를 깃발로 불렀는데 오지 않으니, 장차 그를 죽이려 했었다. 공자께서 그를 칭찬하시기를, '뜻있는 선비는 시신이 도랑에 버려질 것을 잊지 않고, 용맹한 선비는 자기 머리를 잃을 것을 잊지 않는다'고 하셨으니, 공자께서는 어찌하여 그를 높이 취하셨는가? 자기의 신분에 맞는 부름이 아니면 가지 않은 것을 취하신 것이다. 그런데 만일 부름을 기다리지 않고 간다면 어떠하겠는가?

또 한 자를 굽혀서 한 길을 편다는 것은 이익으로써 말한 것이다. 만일 이익으로써 한다면, 한 길을 굽혀서 한 자를 펴는 이익이 있는 일이라도 또한 해야겠는가?"

▎田 : 사냥할 전 ▎旌 : 대부를 부를 때 쓰는 깃발, 동산지기는 皮冠으로 부른다.

昔者에 趙簡子ㅣ 使王良으로 與嬖奚乘한대 終日
석자 조간자 사왕량 여폐해승 종일

而不獲一禽하고 嬖奚ㅣ 反命曰 天下之賤工
이불획일금 폐해 반명왈 천하지천공

也러이다. 或이 以告王良한대 良이 曰 請復之호리라.
야 혹 이고왕량 양 왈 청부지

彊而後可라하야늘 一朝而獲十禽하고 嬖奚ㅣ 反
강이후가 일조이획십금 폐해 반

命曰 天下之良工也러이다. 簡子ㅣ 曰我ㅣ 使掌
명왈 천하지양공야 간자 왈아 사장

與女乘호리라하고 謂王良한대 良이 不可曰吾ㅣ 爲
여녀승 위왕량 양 불가왈 오 위

之範我馳驅호니 終日不獲一하고 爲之詭遇호니
지범아치구 종일불획일 위지궤우

一朝而獲十하니 詩云 不失其馳어늘 舍矢如破
일조이획십 시운 불실기치 사시여파

라하니 我는 不貫與小人乘호니 請辭라하니라. 御者
아 불관여소인승 청사 어자

且羞與射者比하야 比而得禽獸ㅣ 雖若丘陵이라
차수여사자비 비이득금수 수약구릉

도 弗爲也하니 如枉道而從彼엔 何也오? 且子
불위야 여왕도이종피 하야 차자

過矣로다. 枉己者ㅣ 未有能直人者也니라.
과의 왕기자 미유능직인자야

"옛적에 조땅의 간자가 왕량으로 하여금 폐신 해와 함께 수레를 타게 하였는데, 종일토록 한 마리의 짐승도 잡지 못하자, 폐신 해가 복명하기를 '천하에 값어치 없는 말몰이꾼이었습니다'라고 하였다. 어떤 사람이 이 말을 왕량에게 전하자, 왕량이 '다시 할 것을 청하리라'하고 강요한 뒤에 승낙받았다.

하루아침에 열 마리의 짐승을 잡자, 폐신 해가 복명하기를 '천하에 훌륭한 말몰이꾼이었습니다.'라고 하였다. 간자는 '내가 그로 하여금 너와 함께 수레를 타게 하도록 주장하겠다.'고 하고는 왕량에게 이 말을 일렀다.

왕량이 허락하지 않으면서 말하기를 '제가 그를 위해서 나의 말 모는 것을 법도대로 하였더니, 종일토록 한 마리의 짐승도 잡지 못하였고, 그를 위하여 부정한 방법으로 짐승을 만나게 하였더니, 하루아침에 열 마리의 짐승을 잡았습니다.

『시경』에 '말몰이꾼이 말 모는 법을 잃지 않거늘／사수가 화살을 쏨에 깨뜨리는 것 같이 명중한다'고 하였습니다. 저는 소인과 함께 수레 타는 것을 익히지 못하였으니, 청컨대 사양하겠습니다.'라고 하였다.

말 모는 사람도 활쏘는 사람에게 아부하는 것을 부끄러워해서, 아부하여 금수잡기를 구릉과 같이 많이 할 수 있더라도 하지 않았으니, 선비가 만일 도를 굽혀 제후를 따른다면 어찌 되겠는가? 또한 네가 잘못이다. 자기 몸을 굽힌 자가 남을 곧게 펼 수 있는 경우는 없는 것이다."

▎趙簡子 : 진晉나라 대부인 조앙을 말함, 훗날 그 아들 조적이 한건·위사와 더불어 독립하였다. ▎嬖 : 능력과 상관없이 임금이 사적으로 아끼는 신하. ▎掌 : 주장할 장 ▎『시경』: 彤弓편 車攻시 ▎貫 : 익힐 관(≒慣) ▎比 : 아첨할 비.

② 景春이 曰 公孫衍張儀는 豈不誠大丈夫哉리오?
경춘 왈 공손연장의 기불성대장부재

一怒而諸侯ㅣ 懼하고 安居而天下ㅣ 熄하니라.
일노이제후 구 안거이천하 식

孟子ㅣ 曰 是焉得爲大丈夫乎리오? 子ㅣ 未學
맹자 왈 시언득위대장부호 자 미학

禮乎아? 丈夫之冠也에 父ㅣ 命之하고 女子之嫁
례호 장부지관야 부 명지 여자지가

也에 母ㅣ 命之하나니 往에 送之門할새 戒之曰 往
야 모 명지 왕 송지문 계지왈 왕

之女家하야 必敬必戒하야 無違夫子라하나니 以順
지녀가 필경필계 무위부자 이순

爲正者는 妾婦之道也니라.
위정자 첩부지도야

居天下之廣居하며 立天下之正位하며 行天下
거천하지광거 입천하지정위 행천하

之大道하야 得志하얀 與民由之하고 不得志하얀
지대도 득지 여민유지 부득지

獨行其道하야 富貴ㅣ 不能淫하며 貧賤이 不能移
독행기도 부귀 불능음 빈천 불능이

하며 威武ㅣ 不能屈이 此之謂大丈夫니라.
위무 불능굴 차지위대장부

③ 周霄ㅣ 問曰 古之君子ㅣ 仕乎잇가?
주소 문왈 고지군자 사호

② 경춘이 말하였다. "공손연과 장의는 어찌 진실로 대장부가 아니겠습니까? 한 번 노함에 제후들이 두려워하고, 편안히 거처함에 천하가 잠잠합니다."

▎熄 : 잠잠할 식, 꺼질 식.

맹자가 말하였다. "이 어찌 대장부라 할 수 있겠는가? 그대는 예를 배우지 않았는가? 장부가 관례할 때에 아버지가 명하고, 여자가 시집갈 때에 어머니가 명한다. 시집감에 문에서 전송하며 경계하기를, '네 집에 가서 반드시 공경하고 반드시 경계하여 남편을 어기지 말라'고 하니, 순종을 정도로 삼는 것은 아녀자의 도이다."

▎冠 : 관례 관 ▎命 : 훈계할 명 ▎嫁 : 시집갈 가.

"천하의 넓은 집(仁)에 거처하며, 천하의 바른 자리(禮)에 서며, 천하의 큰 도(義)를 행하여, 뜻을 얻으면 백성에게 자기의 도를 미루어 펴고, 뜻을 얻지 못하면 홀로 그 도를 행하여, 부귀가 마음을 방탕하게 하지 못하며, 빈천이 절개를 변하게 하지 못하며, 위무가 지조를 굽게 하지 못하는 것, 이를 대장부라 이르는 것이다."

▎威武 : 위엄과 무력

③ 주소가 물었다. "옛날에도 군자가 벼슬을 하였습니까?"
맹자가 대답하였다. "벼슬을 하였다. 전에 이르기를, '공자

孟子ㅣ 曰仕니라. 傳에 曰孔子ㅣ 三月無君則皇
맹자 왈사 전 왈공자 삼월무군즉황

皇如也하사 出疆에 必載質라하고 公明儀ㅣ 曰古
황여야 출강 필재지 공명의 왈고

之人이 三月無君則弔라하니라.
지인 삼월무군즉조

三月無君則弔ㅣ 不以急乎잇가?
삼월무군즉조 불이급호

曰 士之失位也ㅣ 猶諸侯之失國家也니 禮에
왈 사지실위야 유제후지실국가야 예

曰 諸侯ㅣ 耕助하야 以供粢盛하고 夫人이 蠶繅하
왈 제후 경조 이공자성 부인 잠소

야 以爲衣服이라하니 犧牲이 不成하며 粢盛이 不潔
이위의복 희생 불성 자성 불결

하며 衣服이 不備하면 不敢以祭하고 惟士ㅣ 無田
의복 불비 불감이제 유사 무전

則亦不祭하나니 牲殺器皿衣服이 不備하야 不敢
즉역부제 생살기명의복 불비 불감

以祭則不敢以宴이니 亦不足弔乎아?
이제즉불감이연 역부족조호

出疆에 必載質는 何也잇고?
출강 필재지 하야

曰 士之仕也ㅣ 猶農夫之耕也니 農夫ㅣ 豈爲
왈 사지사야 유농부지경야 농부 기위

出疆하야 舍其耒耜哉리오?
출강 사기뢰사재

는 3개월 동안 섬길 군주가 없으면 급급한 듯이 하여, 국경을 나갈 적에 반드시 폐백을 싣고 가셨다'고 하였고, 공명의가 말하기를, '옛사람은 3개월 동안 군주가 없으면 위문했다'고 하였다."

▌周霄 : 맹자의 17제자 중의 하나. ▌皇皇 : 안정되지 못한 모양. ▌質 : 폐백 지

"3개월 동안 군주가 없으면 위문하는 것은 너무 급하지 않습니까?"

맹자가 말하였다. "사가 직위를 잃는 것은 제후가 나라를 잃는 것과 같다. 예에 이르기를, '제후가 밭을 갈면 백성들이 도와서 제사 음식에 제공하게 하고, 부인은 누에를 치고 고치를 켜서 의복을 만든다.'고 하였다. 희생이 이루어지지 못하며 제사 음식이 정결하지 못하며 의복이 구비되지 못하면 감히 제사 지내지 못하고, 사가 제전이 없으면 또한 제사를 지내지 못하는 것이다. 희생의 고기와 그릇과 의복이 갖추어지지 못하여 감히 제사를 지내지 못하면 감히 잔치를 하지 못하는 것이니, 또한 위문할만 하지 않는가?"

▌以 : 너무(≒太) 粢盛 : 나라의 큰제사에 쓰는 곡식.
▌蠶繅 : 누에를 길러 고치를 켬. ▌田 : 祭田. 조상의 제사를 받들기 위해 설정한 땅. ▌牲殺 : 제사에 쓰는 짐승

"국경을 나갈 적에 반드시 폐백을 싣고 가신 것은 어째서입니까?"

맹자가 말하였다. "사가 벼슬하는 것은 농부가 밭을 가는 것과 같으니, 농부가 어찌 국경을 나가면서 쟁기와 보습을 놓고 가겠는가?"

曰 晋國이 亦仕國也로되 未嘗聞仕ㅣ 如此其急
왈 진국   역사국야   미상문사   여차기급

호니 仕ㅣ 如此其急也인댄 君子之難仕는 何也잇고?
     사   여차기급야   군자지난사   하야

曰 丈夫ㅣ 生而願爲之有室하며 女子ㅣ 生而願
왈 장부   생이원위지유실   여자   생이원

爲之有家는 父母之心이라 人皆有之언마는 不待
위지유가   부모지심   인개유지   부대

父母之命과 媒妁之言하고 鑽穴隙相窺하며 踰
부모지명   매작지언   찬혈극상규   유

牆相從하면 則父母國人이 皆賤之하나니 古之人
장상종   즉부모국인   개천지   고지인

이 未嘗不欲仕也언마는 又惡不由其道하니 不由
   미상불욕사야   우오불유기도   불유

其道而往者는 與鑽穴隙之類也니라.
기도이왕자   여찬혈극지류야

④ 彭更이 問曰 後車數十乘과 從者數百人으로
   팽갱   문왈 후거수십승   종자수백인

以傳食於諸侯ㅣ 不以泰乎잇가?
이전식어제후   불이태호

孟子ㅣ 曰 非其道則一簞食라도 不可受於人이
맹자   왈 비기도즉일단사   불가수어인

어니와 如其道則舜이 受堯之天下하사되 不以爲
       여기도즉순   수요지천하   불이위

주소가 말하였다. "진나라 또한 벼슬할만한 나라이나, 벼슬하기를 이와 같이 급히 하였다는 말은 들어보지 못했습니다. 벼슬하기를 이와 같이 급히 한다면, 군자(맹자)께서 벼슬하기를 어렵게 여기는 것은 어째서입니까?"

맹자가 말했다. "장부가 태어나면 그를 위하여 아내가 있기를 원하며, 여자가 태어나면 그를 위하여 가장이 있기를 원하는 것은 부모의 마음이기 때문에 사람마다 다 갖고 있다. 그러나 부모의 명령과 중매쟁이의 말을 기다리지 않고, 구멍(틈)을 뚫고 서로 엿보며 담을 넘어 서로 따라다니면 부모와 나라 사람들이 모두 천하게 여기는 것이다. 옛사람들이 일찍이 벼슬을 하고자 하지 않은 것은 아니었으나, 또한 도를 따르지 않는 것을 미워하였으니, 도를 따르지 않고 찾아가는 것은 구멍(틈)을 뚫고 만나는 부류와 같다."

④ 팽갱이 물었다. "뒤를 따르는 수레 수십 대와, 종자 수백 명을 거느리고 제후에게 숙식을 하는 것이 너무 지나치지 않습니까?"

맹자가 말하였다. "그 도가 아니라면 한 대그릇의 밥이라도 남에게 받아서는 안 되지만, 만일 그 도로 한다면 순이 요임금의 천하를 받으면서도 지나치다고 여기지 않으셨으니, 자네는 이것을 지나치다고 여기겠는가?"

泰하시니 子ㅣ 以爲泰乎아?
태   자 이위태호

曰否라. 士ㅣ 無事而食이 不可也니이다.
왈부   사 무사이식   불가야

曰子ㅣ 不通功易事하야 以羨補不足이면 則農
왈자 불통공역사   이연보부족   즉농

有餘粟하며 女有餘布어니와 子如通之면 則梓匠
유여속   여유여포   자여통지   즉재장

輪輿, 皆得食於子하리니 於此有人焉하니 入則
륜여 개득식어자   어차유인언   입즉

孝하고 出則悌하야 守先王之道하야 以待後之學
효   출즉제   수선왕지도   이대후지학

者호대 而不得食於子하나니 子ㅣ 何尊梓匠輪輿
자   이부득식어자   자 하존재장륜여

而輕爲仁義者哉오?
이경위인의자재

曰 梓匠輪輿는 其志ㅣ 將以求食也어니와 君子
왈 재장륜여 기지 장이구식야   군자

之爲道也도 其志ㅣ 亦將以求食與인가?
지위도야 기지 역장이구식여

曰子ㅣ 何以其志爲哉오? 其有功於子에 可食
왈자 하이기지위재   기유공어자 가식

而食之矣니 且子는 食志乎아? 食功乎아?
이사지의 차자 사지호   사공호

曰 食志니이다.
왈 사지

▎彭更 : 맹자의 제자. ▎傳食 : 관에서 제공하는 여관과 식사. ▎泰 : 사치할 태

팽갱이 말하였다. "아닙니다. 선비가 일없이 밥을 얻어먹는 것이 불가하다는 것입니다."

맹자가 말하였다. "자네가 공을 서로 통하고 일을 서로 바꾸어 남는 것으로써 부족한 것을 보충하지 않는다면, 농사꾼은 남는 (그래서 버리는) 곡식이 있으며, 여자들은 남는 삼베가 있을 것이다. 그러나 자네가 만일 이를 통하면 목수와 수레 만드는 사람이 모두 자네에게 밥을 얻어먹을 것이다.

여기에 사람이 있는데, 들어오면 부모에게 효도하고 나가면 어른에게 공손하며, 선왕의 도를 지켜 후세의 학자를 기다리는데도 자네에게 밥을 얻어먹지 못하니, 자네는 어찌하여 목수와 수레 만드는 사람은 높이면서 인의를 행하는 사람은 가벼이 여기는가?"

▎梓匠 : 재인과 장인, 즉 목수. ▎輪輿 : 윤인과 여인, 즉 수레 만드는 工人.

팽갱이 말하였다. "목수와 수레 만드는 사람은 그 만드는 뜻이 장차 밥을 구하려는 것이지만, 군자가 도를 행함도 그 행하는 뜻이 장차 밥을 구하려는 것입니까?"

맹자가 말하였다. "자네는 어찌 그 뜻(목적)으로 따지는가? 자네에게 공이 있어 밥을 먹일 만하면 먹이는 것이다. 또 자네는 뜻 때문에 밥을 먹이는가? 공 때문에 밥을 먹이는가?"

팽갱이 말하였다. "뜻 때문에 밥을 먹입니다."

曰 有人於此하니 毀瓦畫墁이요 其志ㅣ 將以求
왈 유인어차   훼와획만   기지 장이구

食也則子ㅣ 食之乎아?
식야즉자 사지호

曰 否라.
왈 부

曰 然則子ㅣ 非食志也라 食功也로다.
왈 연즉자 비사지야   사공야

⑤ 萬章이 問曰 宋은 小國也라. 今에 將行王政하나니
만장 문왈 송 소국야   금 장행왕정

齊楚ㅣ 惡而伐之則如之何니잇고?
제초 오이벌지즉여지하

孟子ㅣ 曰湯이 居亳하실새 與葛爲鄰이러시니 葛伯
맹자 왈탕 거박   여갈위린   갈백

이 放而不祀어늘 湯이 使人問之曰 何爲不祀오?
   방이불사   탕 사인문지왈 하위불사

曰 無以供犧牲也로이다. 湯이 使遺之牛羊하신대
왈 무이공희생야   탕 사유지우양

葛伯이 食之하고 又不以祀어늘 湯이 又使人問之
갈백 식지   우불이사   탕 우사인문지

曰 何爲不祀오? 曰 無以供粢盛也로이다. 湯이 使
왈 하위불사   왈 무이공자성야   탕 사

맹자가 말하였다. "여기에 사람이 있는데, 기와를 부수고 담장의 꾸밈을 멋대로 그어놓고도 그 뜻이 장차 밥을 구하고자 하는 것이라면 그에게 밥을 먹이겠는가?"

팽갱이 말하였다 "아닙니다."

맹자가 말하였다. "그러면 자네는 뜻 때문에 밥을 먹이는 것이 아니라, 공 때문에 밥을 먹이는 것이네."

⑤ 만장이 물었다. "송나라는 작은 나라입니다. 이제 장차 왕정을 행하려 하는데, 제나라와 초나라가 그것을 미워하여 정벌하면 어찌합니까?"

> 偃이 자기 형 剔成으로부터 임금을 뺏은 지 11년만에 王을 참칭하자, 제나라가 공격해서 다섯 성을 빼앗고, 초나라가 공격해서 300리를 빼앗았기 때문에 두려워한 것이다.

맹자가 말하였다. "탕왕이 박읍에 거처하실 때에 갈나라와 이웃하였는데, 갈나라의 백이 방탕하여 제사를 지내지 않았다. 탕왕이 사람을 시켜 묻기를, '어찌하여 제사를 지내지 않는가?'라고 하니, 대답하기를 '바칠 희생이 없기 때문입니다'라고 하였다.

탕왕이 사람을 시켜 소와 양을 보내주게 하셨는데, 갈나라의 백은 이것을 먹고 또 제사를 지내지 않았다. 탕왕이 또 사람을 시켜 묻기를 '어찌하여 제사를 지내지 않는가?'라고 하니, '자성을 바칠 것이 없기 때문입니다'라고 하였다.

탕왕이 박읍의 백성들로 하여금 갈나라에 가서 밭을 갈아

亳衆으로 往爲之耕이어시늘 老弱이 饋食러니 葛伯
박중　왕위지경　　　　　노약　궤사　갈백

이 帥其民하야 要其有酒食黍稻者하야 奪之호대
　솔기민　　요기유주사서도자　　　탈지

不授者를 殺之하더니 有童子ㅣ 以黍肉餉殺이어늘
불수자　살지　　　유동자　이서육향살

而奪之하니 書에 曰葛伯이 仇餉이라하니 此之謂
이탈지　서　왈갈백　구향　　　　차지위

也니라.
야

爲其殺是童子而征之하신대 四海之內ㅣ 皆曰
위기살시동자이정지　　　　사해지내　개왈

非富天下也라 爲匹夫匹婦하야 復讎也라하니라.
비부천하야　위필부필부　　　복수야

湯이 始征을 自葛로 載하사 十一征而無敵於天
탕　시정　자갈　재　　십일정이무적어천

下하니 東面而征에 西夷怨하며 南面而征에 北狄
하　　동면이정　서이원　　　남면이정　북적

이 怨하야 曰奚爲後我오하야 民之望之ㅣ 若大旱
　원　　왈해위후아　　　　민지망지　약대한

之望雨也하야 歸市者ㅣ 弗止하며 芸者ㅣ 不變
지망우야　　귀시자　부지　　　운자　불변

어늘 誅其君弔其民하신대 如時雨降이라 民이 大悅
　　주기군조기민　　　　여시우강　　민　대열

하니 書에 曰徯我后하노소니 后來하시면 其無罰아하니라.
　　서　왈혜아후　　　　후래　　　기무벌

주게 하시니, 노약자들이 밥을 내다 먹였다. 이에 갈나라의 백이 그의 백성을 거느리고 술과 밥과 기장밥·쌀밥이 있는 자들에게 강요하여 빼앗다가 주지 않는 자는 죽였다. 어떤 어린애가 기장밥과 고기를 가지고 와서 먹이자, 그 애도 죽이고 빼앗았다. 『서경』에 이르기를, '갈나라의 백이 밥을 먹이는 자를 원수로 여겼다'고 하였으니, 이것을 말한 것이다."

▎粢盛 : 제사에 쓰는 곡식, 黍와 稷을 '자'라 하고, 그릇에 담겨져 있는 것을 '성'이라고 한다. ▎『서경』: 商書편 仲虺之誥.

"이 어린애를 죽였기 때문에 갈나라를 정벌하시자, 사해의 안이 모두 말하기를, '천하의 부유로움을 탐내서가 아니라, 필부와 필부를 위하여 복수해 주시려는 것이다.'"고 하였다.

▎富 : 부유롭게 여길 부.

"탕왕이 첫 번째 정벌을 갈나라로부터 시작하여 11개국을 정벌하셨는데, 천하에 대적할 이가 없었다. 동쪽을 향하여 정벌하면 서쪽의 오랑캐가 원망하며, 남쪽을 향하여 정벌하면 북쪽의 오랑캐가 원망하여 말하기를, '어찌하여 우리나라를 뒤에 정벌하시는가?'라고 하여, 백성들이 탕왕의 정벌을 바라기를 큰 가뭄에 비를 바라듯이 하여, 시장으로 일보러 가는 자들이 발길을 멈추지 않았으며, 김매는 자들이 동요하지 않았다. 탕왕이 그 군주를 베고 백성들을 위문하시자, 때맞춰 비가 내린 듯해서 백성들이 크게 기뻐하였다. 『서경』에 이르기를, '우리 임금님을 기다리니, 우리 임금님이 오시면 (폭정에 대한) 벌이 없겠는가?'라고 하였다."

▎載 : 시작할 재(=始). 혹자는 再로 보아서 "왕이 갈로부터

有攸不爲臣이어늘 東征하사 綏厥士女하신대 匪厥
유유불위신　　　동정　　　유궐사녀　　　　　　비궐

玄黃하야 紹我周王見休하야 惟臣附于大邑周
현황　　　소아주왕견휴　　　유신부우대읍주

하니 其君子는 實玄黃于匪하야 以迎其君子하고
　　　기군자　　실현황우비　　　이영기군자

其小人은 簞食壺漿으로 以迎其小人하니 救民
기소인　　단사호장　　　이영기소인　　　구민

於水火之中하야 取其殘而已矣니라.
어수화지중　　　취기잔이이의

太誓에 曰我武를 惟揚하야 侵于之疆하야 則取
태서　　왈아무　　유양　　　침우지강　　　즉취

于殘하야 殺伐用張하니 于湯에 有光이라하니라. 不
우잔　　　살벌용장　　　우탕　　유광　　　　　　불

行王政云爾언정 苟行王政이면 四海之內 皆
행왕정운이　　　구행왕정　　　사해지내　　개

擧首而望之하야 欲以爲君하리니 齊楚ㅣ 雖大나
거수이망지　　　욕이위군　　　　제초　　수대

何畏焉이리오?
하외언

孟子ㅣ 謂戴不勝曰 子欲子之王之善與아?
맹자　　위대불승왈　자욕자지왕지선여

我ㅣ 明告子호리라 有楚大夫於此하니 欲其子之
아　　명고자　　　　유초대부어차　　　욕기자지

정벌을 시작하시고, 다시 …"로 보기도 하였다.

▎『서경』: 商書편 太甲 中에는 '其'자가 빠져 있다.

"『서경』에 '신하로 복종하지 않는 자가 있음에, 동쪽을 정벌하여 남자와 여자들을 편안하게 하시자, 검은 비단과 황색 폐백을 광주리에 담아 가지고 와서, 우리 주왕을 섬겨 아름다운 명을 받아서 큰 도읍인 주나라에 신하로 복종한다.'고 하였다. 군자들은 검은 비단과 황색 폐백을 광주리에 담아가지고 와서 군자들을 맞이하고, 소인들은 대그릇에 밥을 담고 병에 장을 담아서 소인들을 맞이하였으니, 이는 백성을 물과 불의 가운데에서 구원하여 잔학한 자만 취했기 때문이다."

▎『서경』周書편 武成에 나온 글이다.
▎綏 : 편안히 여길 유(수) 匪 : 광주리 비(篚)

"「태서」에 이르기를, '우리의 위엄을 떨쳐 저들의 국경을 침범하여 잔학한 자를 취하여 죽이고 정벌하는 공이 크게 베풀어지니, 탕왕보다 더욱 빛이 있었다'고 하였다. 왕정을 행하지 않아서 그런거지 만일 왕정을 행한다면, 사해의 안이 모두 머리를 들고 오기를 바라서 군주를 삼고자 할 것이니, 제나라와 초나라가 비록 크나 어찌 두려워할 것이 있겠는가?"

▎『서경』: 周書편 太(泰)誓 中. 원문은 "我武惟揚 侵于之疆 取彼凶殘 我伐用張 于湯有光"이다.

맹자가 대불승에게 말하였다. "그대는 그대의 왕이 착해지기를 바라는가? 내가 분명히 그대에게 말하겠다. 여기에 초나라 대부가 있는데, 그의 아들이 제나라 말을 하기를 원한다면, 제나라 사람으로 하여금 가르치게 하겠는가? 아니면 초나

齊語也則使齊人傅諸아? 使楚人傅諸아?
제어야즉사제인부저   사초인부저

曰 使齊人傅之니라.
왈 사제인부지

曰 一齊人이 傅之어든 衆楚人이 咻之면 雖日撻
왈 일제인 부지   중초인 휴지   수일달

而求其齊也라도 不可得矣어니와 引而置之莊嶽
이구기제야   불가득의   인이치지장악

之間數年이면 雖日撻而求其楚라도 亦不可得
지간수년   수일달이구기초   역불가득

矣리라.
의

子ㅣ謂薛居州를 善士也라하야 使之居於王所하
자 위설거주 선사야   사지거어왕소

나니 在於王所者ㅣ長幼卑尊이 皆薛居州也면
    재어왕소자 장유비존 개설거주야

王誰與爲不善이며 在王所者ㅣ長幼卑尊이 皆
왕수여위불선   재왕소자 장유비존 개

非薛居州也면 王誰與爲善이리오? 一薛居州ㅣ
비설거주야 왕수여위선   일설거주

獨如宋王에 何리오?
독여송왕 하

⑦ 公孫丑ㅣ問曰 不見諸侯ㅣ何義잇고?
  공손추 문왈 불견제후 하의

228

라 사람에게 가르치게 하겠는가?"

대불승이 대답했다. "제나라 사람에게 가르치게 할 것입니다."

맹자가 말하였다. "제나라 사람 하나가 그를 가르치는데 여러 초나라 사람들이 떠들어댄다면, 날마다 종아리를 치면서 제나라 말을 하기를 요구하더라도 할 수 없을 것이다. 그러나 그를 끌어다가 제나라 장악의 사이에 수년 동안 둔다면 날마다 종아리를 치면서 초나라 말을 하기를 요구한다 하더라도 또한 할 수 없을 것이다."

▎ 戴不勝 : 송나라 신하 이름 ▎ 傅 : 가르칠 부
▎ 莊嶽 : 제나라의 큰 거리 이름.

"그대는 설거주를 착한 선비라 하여 그로 하여금 왕의 처소에 거처하게 하였는데, 왕의 처소에 있는 자가 어른과 어린이, 낮고 높은 사람이 모두 설거주와 같은 사람이라면 왕이 누구와 더불어 착하지 않은 짓을 할 것이며, 왕의 처소에 있는 자가 어른과 어린이, 낮고 높은 사람이 모두 설거주와 같은 사람이 아니라면 왕이 누구와 더불어 착한 일을 하겠는가? 한 명의 설거주가 홀로 송나라 왕에게 어찌하겠는가?"

▎ 薛居州 : 송나라 신하 이름.

---

⑦ 공손추가 물었다. "제후를 만나보지 않는 것은 무슨 의리입니까?"

孟子ㅣ 曰 古者에 不爲臣하야는 不見하더니라. 段干
맹자   왈 고자   불위신   불견   단간

木은 踰垣而辟之하고 泄柳는 閉門而不內하니 是
목   유원이피지   설류   폐문이불납   시

皆已甚하니 迫이어든 斯可以見矣니라.
개이심   박   사가이견의

陽貨ㅣ 欲見孔子而惡無禮하야 大夫ㅣ 有賜於
양화   욕현공자이오무례   대부   유사어

士어든 不得受於其家면 則往拜其門일새 陽貨ㅣ
사   부득수어기가   즉왕배기문   양화

瞰孔子之亡也而饋孔子蒸豚한대 孔子ㅣ 亦瞰
감공자지무야이궤공자증돈   공자   역감

其亡也而往拜之하시니 當是時하야 陽貨ㅣ 先이면
기무야이왕배지   당시시   양화   선

豈得不見이시리오?
기득불견

曾子ㅣ 曰 脅肩諂笑ㅣ 病于夏畦라하며 子路ㅣ
증자   왈 협견첨소   병우하규   자로

曰 未同而言을 觀其色컨대 赧赧然이라. 非由之
왈 미동이언   관기색   난난연   비유지

所知也라하니 由是觀之則君子之所養을 可知
소지야   유시관지즉군자지소양   가지

已矣니라.
이의

맹자가 말하였다. "옛날에는 신하가 되지 않았으면 군주를 만나보지 않았다. 단간목은 담장을 넘어 피하였고, 설류는 문을 닫고 들이지 않았으니, 이는 모두 너무 심하다. 정성이 절박하면 만나볼 수 있는 것이다."

▎段干木 : 위나라 文侯가 스승으로 삼고자 하였으나 피하였다. 이에 문후가 단간목의 집 앞을 지날 때마다 式禮를 하였다. ▎泄柳 : 노나라 목공 때의 현인, 告子 下편에서는 子柳라고 하였음. ▎迫 : 절박할 박.

"양화는 공자가 자기를 찾아와 보게 하려고 하였으나 무례하다는 비난을 싫어하였다. 대부가 士에게 물건을 하사할 경우, 사가 자기 집에서 그 물건을 직접 받지 못하였으면 대부의 문에 가서 절하는 예가 있었다.

양화가 공자가 집에 없을 때를 엿보아 공자에게 삶은 돼지고기를 보내주자, 공자께서도 또한 그가 집에 없을 때를 엿보아 찾아가서 절하셨다. 이 때를 당하여 양화가 먼저 예를 베풀었다면, 공자께서 어찌 만나보지 않으셨겠는가?"

▎瞰 : 엿볼 감. ▎亡 : 없을 무. ▎蒸豚 : 삶은 돼지.

"증자가 말하기를, '어깨를 굽신거리고 아첨하며 웃는 것이 여름에 밭매는 자보다 더 수고롭다'고 하였으며, 자로가 말하기를, '뜻이 같지 않은데 영합하여 말하는 자는 그 얼굴빛을 보면 무안하여 붉어진다. 이는 내 친할 바가 아니다'라고 하였다. 이로 말미암아 관찰한다면 군자가 기르는 바를 알 수 있다." ▎脅肩 : 어깨를 수그림. ▎諂笑 : 아첨하여 웃음.

▎夏畦 : 여름에 밭을 가는 사람. ▎赧赧 : 무안해 얼굴이 붉어지는 모양. ▎由 : 자로의 이름 유.

⑧ 戴盈之ㅣ 曰 什一과 去關市之征을 今玆未能이란
대영지왈 십일   거관시지정   금자미능

대 請輕之하야 以待來年然後에 已호대 何如하니잇고?
청경지   이대내년연후에 이   하여

孟子ㅣ 曰 今有人이 日攘其鄰之雞者어든 或이
맹자 왈 금유인   일양기린지계자   혹

告之曰 是非君子之道라한대 曰 請損之하야 月
고지왈 시비군자지도   왈 청손지   월

攘一雞하야 以待來年然後에 已로다. 如知其非
양일계   이대내년연후에 이   여지기비

義인댄 斯速已矣니 何待來年이리오?
의   사속이의   하대내년

⑨ 公都子ㅣ 曰 外人이 皆稱夫子好辯하나니 敢問
공도자 왈 외인   개칭부자호변   감문

何也잇고?
하야

孟子ㅣ 曰 予豈好辯哉리오? 予ㅣ 不得已也로라.
맹자 왈 여기호변재   여 부득이야

天下之生이 久矣라 一治一亂이니라.
천하지생   구의   일치일란

當堯之時하야 水ㅣ 逆行하야 氾濫於中國하야 蛇
당요지시   수 역행   범람어중국   사

龍이 居之하니 民無所定하야 下者는 爲巢하고 上
룡 거지   민무소정   하자 위소   상

⑧ 대영지가 말하였다. "10분의 1만 세금 걷는 것과 관세 및 시장의 세를 철폐하는 것을 금년에는 할 수 없으니, 청컨대 세금을 경감만 하고 내년을 기다린 뒤에 철폐하려고 합니다. 이것이 어떻습니까?"

맹자가 말하였다. "지금 어떤 사람이 날마다 이웃집의 닭을 훔쳤는데, 어떤 사람이 그에게 '이는 군자의 도리가 아니다'라고 하자, 대답하기를 '그 수를 줄여서 달마다 닭 한 마리를 훔쳐 먹다가 내년을 기다린 뒤에 그만두겠다'고 하는 것이로다! 만일 그것이 의가 아님을 안다면 속히 그만두어야 할 것이니, 어찌 내년을 기다리겠는가?"

▎戴盈之 : 송나라 대부. ▎攘 : 훔칠 양.

⑨ 공도자가 물었다. "바깥사람들이 모두 선생님께서 변론하기를 좋아한다고 칭하니, 감히 묻겠습니다. 어째서입니까?"

맹자가 말하였다. "내가 어찌 변론하기를 좋아하겠는가? 내가 부득이 해서이다. 천하에 인간이 살아온 지가 오래 되었는데, 한 번 다스려지면 한 번 혼란하였다."

▎公都子 : 맹자의 제자. ▎好辯 : 변론하기를 좋아함.

"요임금의 때를 당하여 물이 역류하여 나라 한 가운데까지 범람하여 뱀과 용이 사니, 사람들이 안정할 곳이 없어, 낮은 지역에 사는 자들은 (나무 위에) 둥지를 만들었고, 높은 지역에 있는 자들은 굴을 파고 살았다.

者는 爲營窟하니 書에 曰 洚水ㅣ 警余라하니 洚水
자 위영굴 서 왈 강수 경여   강수

者는 洪水也니라.
자 홍수야

使禹治之어시늘 禹ㅣ 掘地而注之海하시고 驅蛇
사우치지   우 굴지이주지해   구사

龍而放之菹하신대 水由地中行하니 江淮河漢이
룡이방지저   수유지중행   강회하한

是也라. 險阻ㅣ 旣遠하며 鳥獸之害人者ㅣ 消然
시야 험조 기원   조수지해인자   소연

後에 人得平土而居之하니라.
후 인득평토이거지

堯舜이 旣沒하시니 聖人之道ㅣ 衰하야 暴君이 代
요순 기몰   성인지도 쇠   포군 대

作하야 壞宮室以爲汙池하야 民無所安息하며 棄
작   괴궁실이위오지   민무소안식   기

田以爲園囿하야 使民不得衣食하고 邪說暴行이
전이위원유   사민부득의식   사설포행

又作하야 園囿汙池沛澤이 多而禽獸ㅣ 至하니 及
우작   원유오지패택 다이금수 지   급

紂之身하야 天下ㅣ 又大亂하니라.
주지신   천하 우대란

周公이 相武王하사 誅紂하시고 伐奄三年에 討其
주공 상무왕   주주   벌엄삼년 토기

君하시고 驅飛廉於海隅而戮之하시니 滅國者ㅣ
군   구비렴어해우이륙지   멸국자

『서경』에 '강수가 나를 경계시켰다'고 하였으니, 강수는 홍수를 말하는 것이다."

▎『서경』: 虞書편 大禹謨. ▎警 : 경계할 경(≒戒).

"우를 시켜서 홍수를 다스리게 하니, 우가 땅을 파서 바다로 주입시키고 뱀과 용을 몰아내어 수초가 우거진 곳으로 추방하자, 물이 벼랑 사이를 따라 행하게 되었으니, 장강·회수·황하·한수가 그것이다. 험하여 막힌 것이 이미 멀어지며, 사람을 해치는 새와 짐승들이 사라진 뒤에야 사람들이 평지를 얻어 살게 되었다."

"요임금·순임금이 이미 몰세하시니 성인의 도가 쇠하였다. 폭군이 대신해 나와서 백성들의 집을 파괴하여 웅덩이와 못을 만들어서 백성들이 편안히 쉴 곳이 없었고, 농지를 포기하고 동산을 만들어서 백성들이 옷과 음식을 얻을 수 없었으며, 부정한 말과 포학한 행동이 또 일어나 동산과 연못과 습지가 많아져 금수가 이르렀는데, 급기야 은나라 주왕의 몸에 미쳐서는 천하가 또 다시 크게 어지러워졌다."

"주공이 무왕을 도와 주왕을 주살하시고, 엄나라를 정벌한 지 3년 만에 그 군주를 토벌하시고, 비렴을 바다 모퉁이로 몰아내어 죽이시니, 나라를 멸망시킨 것이 50개 국이었고, 범과 표범, 코뿔소와 코끼리를 몰아내어 멀리 쫓으시니, 천하가

五十이요 驅虎豹犀象而遠之하신대 天下ㅣ 大悅
오십　구호표서상이원지　　　천하　대열

하니 書에 曰 丕顯哉라! 文王謨여! 丕承哉라! 武王
서　왈 비현재　　문왕모　　비승재　　무왕

烈이여! 佑啓我後人하사되 咸以正無缺이라하니라.
렬　　우계아후인　　함이정무결

世衰道微하야 邪說暴行이 有作하야 臣弑其君
세쇠도미　　사설포행　　유작　　신시기군

者ㅣ 有之하며 子弑其父者ㅣ 有之하니라.
자　유지　　자시기부자　유지

孔子ㅣ 懼하사 作春秋하시니 春秋는 天子之事也
공자　구　　작춘추　　　춘추　천자지사야

라. 是故로 孔子ㅣ 曰 知我者도 其惟春秋乎며
　시고　공자　왈 지아자　기유춘추호

罪我者도 其惟春秋乎인져하시니라.
죄아자　기유춘추호

聖王이 不作하야 諸侯ㅣ 放恣하며 處士ㅣ 橫議하
성왕　부작　　제후　방자　　처사　횡의

야 楊朱墨翟之言이 盈天下하야 天下之言이 不
　양주묵적지언　영천하　　천하지언　불

歸楊則歸墨하니 楊氏는 爲我하니 是는 無君也요
귀양즉귀묵　　양씨　위아　　시　무군야

墨氏는 兼愛하니 是는 無父也니 無父無君은 是
묵씨　겸애　　시　무부야　무부무군　시

禽獸也니라. 公明儀ㅣ 曰 庖有肥肉하며 廐有肥
금수야　　공명의　왈 포유비육　　구유비

크게 기뻐하였다.『서경』에 이르기를, '크게 드러나셨도다. 문왕의 가르침이여! 크게 계승하셨도다, 무왕의 공렬이여! 우리 후인들을 도와 계도해 주시되 모두 정도로써 하고 결함이 없게 하셨다'고 하였다."

▎奄 : 동방에 있는 은나라의 부속국가 ▎飛廉 : 주왕의 총신
▎『서경』: 周書편 君牙에는 '佑啓'가 '啓佑'로, '無'가 '周'으로 되어있다.

"세상이 쇠퇴하고 도가 미약해져서 부정한 말과 포학한 행동이 일어나 신하로서 군주를 시해하는 자가 있었으며, 자식으로서 아버지를 시해하는 자가 있었다."

"공자께서 이를 두려워하셔서『춘추』를 지으시니,『춘추』를 짓는 것은 천자가 하는 일이다. 이 때문에 공자께서 말씀하시기를, '나를 알아주는 것도 오직『춘추』때문일 것이며, 나를 꾸짖는 것도 오직『춘추』때문일 것이다'라고 하셨다."

"성왕이 나오지 아니하여 제후가 방자하며, 초야의 선비들이 멋대로 의논하여 양주·묵적의 말이 천하에 가득하여, 천하의 말이 양주에게 돌아가지(옳다 하지) 않으면 묵적에게 돌아갔다. 양씨는 자신만을 위하니 이는 군주가 없는 것이고, 묵씨는 똑같이 사랑하니 이는 아버지가 없는 것으로, 아버지가 없고 군주가 없으면 이는 금수이다.

공명의가 말하기를, '임금의 푸줏간에는 살찐 고기가 있고 마구간에는 살찐 말이 있는데도, 백성들에게 굶주린 기색이 있으며 들에는 굶어 죽은 시체가 있다면, 이는 짐승을 몰아 사람을 잡아먹게 하는 것이다'라고 하였다. 양주·묵적의 도가

馬_{어든} 民有饑色_{하며} 野有餓莩_면 此_는 率獸而食
마 민유기색 야유아표 차 솔수이식

人也_{라하니} 楊墨之道_ㅣ 不息_{하면} 孔子之道_ㅣ 不
인야 양묵지도 불식 공자지도 부

著_{하리니} 是_는 邪說_이 誣民_{하야} 充塞仁義也_니 仁
저 시 사설 무민 충색인의야 인

義充塞則率獸食人_{하다가} 人將相食_{하리라.}
의충색즉솔수식인 인장상식

吾_ㅣ 爲此懼_{하야} 閑 先聖之道_{하야} 距楊墨_{하며} 放
오 위차구 한선성지도 거양묵 방

淫辭_{하야} 邪說者_ㅣ 不得作_{케하노니} 作於其心_{하야}
음사 사설자 부득작 작어기심

害於其事_{하며} 作於其事_{하야} 害於其政_{하나니} 聖
해어기사 작어기사 해어기정 성

人_이 復起_{사도} 不易吾言矣_{시리라.}
인 부기 불역오언의

昔者_에 禹_ㅣ 抑洪水而天下_ㅣ 平_{하고} 周公_이 兼
석자 우 억홍수이천하 평 주공 겸

夷狄驅猛獸而百姓_이 寧_{하고} 孔子_ㅣ 成春秋而
이적구맹수이백성 녕 공자 성춘추이

亂臣賊子_ㅣ 懼_{하나니라.} 詩_云 戎狄是膺_{하니} 荊舒
난신적자 구 시운 융적시응 형서

是懲_{하야} 則莫我敢承_{이라하니} 無父無君_은 是周
시징 즉막아감승 무부무군 시주

公所膺也_{니라.}
공소응야

쉬지 아니하면 공자의 도가 나타나지 못할 것이다. 이는 간사한 말이 백성을 속여서 인과 의를 꽉 막음이니, 인과 의가 꽉 막히면 짐승을 내몰아 사람을 잡아먹게 하다가, 더 나아가 장차 사람이 서로 잡아먹게 될 것이다."

"내가 이것을 두려워하여 이전 성인의 도를 익히고 보호해서 양주와 묵적을 막으며, 지나친 말을 추방하여 간사한 말이 나오지 못하게 하는 것이다. 간사한 말은 그 마음에서 나와 그 일을 해치며, 그 일에서 나와 그 정사를 해치니, 성인이 다시 나오셔도 내 말을 바꾸지 않으실 것이다."

▍ 閑 : 익힐 한, 보호할 한.

"옛날에 우왕이 홍수를 억제하자 천하가 평화롭게 되었고, 주공이 이적을 겸병하고 맹수를 몰아내자 백성들이 편안하였으며, 공자께서 『춘추』를 완성하시자 난신적자들이 두려워하였다.

『시경』에 이르기를, '융과 적을 이에 응징하니/ 형과 서가 이에 징계되어/ 나를 감히 대적할 자가 없다'고 하였다. 아버지가 없고 군주가 없는 것은 주공도 응징하신 바이다."

▍ 『시경』 : 魯頌편 閟宮시.

我ㅣ 亦欲正人心하야 息邪說하며 距詖行하며 放
아 역욕정인심   식사설   거피행   방

淫辭하야 以承三聖者로니 豈好辯哉리오? 予ㅣ 不
음사   이승삼성자   기호변재   여 부

得已也니라. 能言距楊墨者는 聖人之徒也니라.
득이야   능언거양묵자   성인지도야

⑩ 匡章이 曰陳仲子는 豈不誠廉士哉리오? 居於
   광장   왈진중자   기불성렴사재   거오

陵할새 三日不食하야 耳無聞하며 目無見也러니
릉   삼일불식   이무문   목무견야

井上有李ㅣ 螬食實者ㅣ 過半矣어늘 匍匐往將
정상유리   조식실자   과반의   포복왕장

食之하야 三咽然後에야 耳有聞하며 目有見하니라.
식지   삼연연후   이유문   목유견

孟子ㅣ 曰於齊國之士에 吾必以仲子로 爲巨
맹자   왈어제국지사   오필이중자   위거

擘焉이어니와 雖然이나 仲子는 惡能廉이리오? 充仲
벽언   수연   중자   오능렴   충중

子之操면 則蚓而後可者也니라.
자지조   즉인이후가자야

夫蚓은 上食槁壤하고 下飮黃泉하나니 仲子所居
부인   상식고양   하음황천   중자소거

之室은 伯夷之所築與아? 抑亦盜跖之所築與
지실   백이지소축여   억역도척지소축여

"내가 또한 인심을 바로잡아 간사한 말을 종식시키며, 편벽된 행실을 막으며, 지나친 말을 추방하여 세 성인(우왕·주공·공자)을 계승하려고 하는 것이니, 어찌 변론을 좋아하겠는가? 내가 부득이 해서이다. 양주와 묵적을 막을 것을 말할 수 있는 자는 성인을 따르는 무리이다."

⑩ 광장이 말하였다. "진중자는 어찌 참으로 청렴한 선비가 아니겠습니까? 오릉에 거처할 적에 3일 동안 먹지 못하여 귀에는 들리는 것이 없으며 눈에는 보이는 것이 없었는데, 우물가에 굼벵이가 반이 넘게 파먹은 오얏을 기어가서 먹어 세 번 삼킨 뒤에야 귀에 들리는 것이 있었고 눈에 보이는 것이 있었습니다."

| 匡章 : 제나라 사람 | 陳仲子 : 제나라 사람. | 螬 : 굼벵이 조.

맹자가 말하였다. "제나라 선비 가운데 내가 반드시 진중자를 으뜸으로 여긴다. 그러나 진중자가 어찌 청렴할 수 있겠는가? 진중자의 지조를 채우려면 지렁이가 된 뒤에야 가능할 것이다."

| 巨擘 : 첫째 손가락.

"지렁이는 위로는 마른 흙을 먹고 아래로 흐린 물을 마실 뿐이니, 진중자가 거처하는 집은 백이가 건축한 것인가? 아니면 도척이 건축한 것인가? 먹는 곡식은 백이가 심은 것인가? 아니면 도척이 심은 것인가? 이것을 알 수 없구나!"

야? 所食之粟은 伯夷之所樹與아? 抑亦盜跖之
　　소식지속　　백이지소수여　　억역도척지

所樹與아? 是未可知也로다.
소수여　　시미가지야

曰 是何傷哉리오? 彼身織屨하고 妻辟纑하야 以
왈 시하상재　　피신직구　　처벽로　　이

易之也니라.
역지야

曰 仲子는 齊之世家也라 兄戴l 蓋祿이 萬鍾
왈 중자　제지세가야　　형대　합록　만종

이러니 以兄之祿으로 爲不義之祿而不食也하며
　　　이형지록　　위불의지록이불식야

以兄之室로 爲不義之室而不居也하고 辟兄離
이형지실　　위불의지실이불거야　　피형이

母하야 處於於陵이러니 他日에 歸則有饋其兄生
모　　처어오릉　　　타일　　귀즉유궤기형생

鵝者어늘 己頻顣曰 惡用是鶃鶃者爲哉리오?
아자　　기빈축왈 오용시얼얼자위재

他日에 其母l 殺是鵝也하야 與之食之러니 其
타일　기모　살시아야　　여지식지　　기

兄이 自外至曰 是l 鶃鶃之肉也라한대 出而哇
형　 자외지왈 시　 얼얼지육야　　　출이와

之하니라.
지

以母則不食하고 以妻則食之하며 以兄之室則
이모즉불식　　이처즉식지　　이형지실즉

광장이 말하였다. "이 어찌 나쁠 것이 있겠습니까? 그는 몸소 신을 짜고 아내가 길쌈을 해서 곡식을 바꾸어 먹습니다."

▮ 辟 : 짤 벽   ▮ 纑 : 삼을 삶아 실을 낼 로

맹자가 말하였다. '진중자는 제나라에서 대대로 공경公卿의 집안이다. 형 진대가 합 땅에서 받는 녹이 만종이었는데, 형의 녹을 불의한 녹이라 하여 먹지 않았으며, 형의 집을 불의한 집이라 하여 거처하지 않고, 형을 피하고 어머니를 떠나 오릉에 거처하였다. 후일에 집에 돌아가니, 그 형에게 산 거위를 바친 자가 있었다. 그는 이마를 찌푸리며 말하기를, '어찌 이 꽥꽥거리는 것을 선물했는가?'라고 하였다.

후일에 그 어머니가 이 거위를 잡아주어 먹고 있었는데, 형이 밖으로부터 돌아와 '이것이 꽥꽥거리는 것의 고기이다'라고 말하자, 집을 나와 그것을 토하였다."

▮ 哇 : 토할 와.

"어머니가 음식하면 먹지 않고 아내가 하면 먹으며, 형의 집에는 거처하지 않고 오릉에는 거처하였으니, 이러고도 오

弗居하고 以於陵則居之하니 是尙爲能充其類
불거   이오릉즉거지   시상위능충기류

也乎아? 若仲子者는 蚓而後充其操者也니라.
야 호   약중자자   인이후충기조자야

히려 그 부류의 지조를 채울 수 있겠는가? 진중자와 같은 자는 지렁이가 된 뒤에야 그 지조를 채울 수 있을 것이다."

▎類 : 진중자는 혼자만 깨끗하려 하는 부류이다. 그렇다면 몸소 집도 만들고 자급자족해야 하는데 그렇지 못하니, 지렁이가 자급자족하는 것만도 못한 것이다.

이루

離婁

  앞의 양혜왕~등문공편은 대화체로 되어 있으나, 이 편은 대부분 맹자의 말씀을 그대로 서술한 것으로 윤리 도덕에 관한 설명이 많다. 특히 하권에서는 짤막한 격언적인 문장이 많아 진심장편과 비슷한 체제로 되어 있다.

  인의에 입각한 도덕정치와 불안한 정치가 가져오는 상반된 결과를 분석하여 후세의 통치자들을 경계하였으며, 임금의 잘못된 마음을 바로잡는 것이 신하된 자의 큰 사명이라고 하였다.

  증자를 예를 들어서, 부모를 봉양하는데 있어 몸을 보살피기 보다는 그 뜻을 편안케 하는 것이 효도라는 것을 주장하고, 인륜에 밝았던 순임금의 업적을 높이 기렸다.

이루離婁 : 황제黃帝 시대의 눈이 아주 밝았다는 전설상의 인물이다. 장의 첫머리 〈이루지명離婁之明〉에서 두 글자를 따서 편명으로 삼은 것이다.

7. 離婁章句 上

① 孟子ㅣ 曰 離婁之明과 公輸子之巧로도 不以規
맹자 왈 이루지명   공수자지교   불이규

矩면 不能成方員이요 師曠之聰으로도 不以六律
구 불능성방원   사광지총   불이육률

이면 不能正五音이요 堯舜之道로도 不以仁政이면
   불능정오음   요순지도   불이인정

不能平治天下니라.
불능평치천하

今有仁心仁聞而民不被其澤하야 不可法於
금유인심인문이민불피기택   불가법어

後世者는 不行先王之道也일새니라. 故로 曰 徒
후세자 불행선왕지도야   고 왈 도

善이 不足以爲政이요 徒法이 不能以自行이라하니
선 부족이위정   도법 불능이자행

라. 詩云 不愆不忘은 率由舊章이라하니 遵先王
  시운 불건불망   솔유구장   준선왕

之法而過者ㅣ 未之有也니라.
지법이과자   미지유야

聖人이 旣竭目力焉하시고 繼之以規矩準繩하시
성인 기갈목력언   계지이규구준승

7. 이루장구 상(28장)

① 맹자가 말하였다. "이루의 눈 밝음과 공수자의 정교함으로도 걸음쇠와 자를 쓰지 않으면 네모나 동그라미를 만들 수 없고, 사광의 귀 밝음으로도 육률을 쓰지 않으면 오음을 바로잡을 수 없으며, 요·순의 도로도 인(仁)한 정사를 쓰지 않으면 천하를 편하게 다스릴 수 없다."

▌ 離婁 : 눈이 아주 밝았다는 黃帝시대의 인물. ▌ 公輸子 : 공수는 성, 이름은 班. 춘추시대 노나라의 뛰어난 기술자.
▌ 師曠 : 벼슬이름 사, 이름 광. 진나라 평공 때의 악사.

"이제 인한 마음과 인하다는 명성이 있으면서도, 백성이 그 혜택을 입지 못하여 후세에 본보기가 되지 못하는 것은 선왕의 도를 행하지 않았기 때문이다. 따라서 말하기를, '착함만으로는 정사를 영위하지 못하고, 법만으로는 스스로 시행할 수 없다'고 하는 것이다. 『시경』에 이르기를, '허물하지 아니하며 잊어버리지 아니함은 예전 법을 따르기 때문이다'라고 하니, 선왕의 법을 따르고서 잘못되는 경우는 아직 없었다."

▌ 徒善 : 착한 마음은 있지만 정사가 없음. ▌ 徒法 : 정사는 있지만 착함이 없음. 『시경』: 生民편 假樂시 ▌ 愆 : 허물 건 ▌ 率 : 따를 솔 ▌ 章 : 典法

"성인께서 이미 시력을 다하시고 이어서 걸음쇠와 자, 수준기와 먹줄을 쓰시니, 네모와 동그라미, 수평선과 수직선을 만

니 以爲方員平直에 不可勝用也며 旣竭耳力
이위방원평직 불가승용야 기갈이력

焉하시고 繼之以六律하시니 正五音에 不可勝用
언 계지이육률 정오음 불가승용

也며 旣竭心思焉하시고 繼之以不忍人之政하시니
야 기갈심사언 계지이불인인지정

而仁覆天下矣시니라. 故로 曰 爲高호대 必因丘
이인부천하의 고 왈 위고 필인구

陵하며 爲下호대 必因川澤이라하니 爲政호대 不因先
릉 위하 필인천택 위정 불인선

王之道면 可謂智乎아?
왕지도 가위지호

是以惟仁者아 宜在高位니 不仁而在高位면
시이유인자 의재고위 불인이재고위

是는 播其惡於衆也니라.
시 파기악어중야

上無道揆也하며 下無法守也하야 朝不信道하며
상무도규야 하무법수야 조불신도

工不信度하야 君子ㅣ 犯義요 小人이 犯刑이면 國
공불신도 군자 범의 소인 범형 국

之所存者ㅣ 幸也니라.
지소존자 행야

故로 曰 城郭不完하며 兵甲不多ㅣ 非國之災
고 왈 성곽불완 병갑부다 비국지재

也며 田野不辟하며 貨財不聚ㅣ 非國之害也라.
야 전야불벽 화재불취 비국지해야

드는데 충분하고도 남으며, 이미 청력을 다하시고 이어서 육률을 쓰시니 오음을 바로잡는데 충분하고도 남으며, 이미 마음과 생각을 다하시고 이어서 남을 차마하지 못하는 정사를 쓰시니 인(仁)이 천하를 덮게 되었다.

따라서 '높이 오르려면 반드시 구릉을 따라서 오르고, 아래로 내려가려면 반드시 내와 연못을 따라간다'고 하는 것이니, 정치를 하면서 선왕의 도를 따르지 않는다면 지혜롭다고 할 수 있겠는가?"

"이 때문에 오직 인한 사람이라야 높은 자리에 있는 것이 마땅하니, 인하지 않으면서 높은 자리에 있게 되면, 이것은 대중에게 악을 파종하는 것이다."

"위에서 도로 헤아림이 없고 아래에서 법을 지킴이 없으며, 조정에서는 도를 믿지 않고 관리는 법을 믿지 않으며, 군자가 의를 범하고 소인이 형벌을 범하면, 나라가 보존되는 것이 요행이다."

| 道 : 義理　| 揆 : 헤아릴 규　| 法 : 制度　| 工 : 관리 공
| 度 : 법도 도

"따라서 말하기를, '성곽이 완전하지 못하고 병사나 무기가 많지 못한 것이 나라의 재앙이 아니고, 밭과 들이 개간되지 못하고 재화가 모이지 않는 것이 나라를 해침이 아니다.

上無禮하며 下無學이면 賊民이 興하야 喪無日矣
상무례   하무학   적민 흥   상무일의

라하니라.

詩曰 天之方蹶시니 無然泄泄라하니 泄泄는 猶沓
시왈 천지방궤   무연예예   예예 유답

沓也니라. 事君無義하며 進退無禮하고 言則非先
답야   사군무의   진퇴무례   언즉비선

王之道者ㅣ 猶沓沓也니라. 故로 曰 責難於君을
왕지도자 유답답야   고   왈 책난어군

謂之恭이요 陳善閉邪를 謂之敬이요 吾君不能을
위지공   진선폐사   위지경   오군불능

謂之賊이라하니라.
위지적

② 孟子ㅣ 曰 規矩는 方員之至也요 聖人은 人倫
맹자 왈 규구 방원지지야   성인 인륜

之極也니라. 欲爲君인댄 盡君道요 欲爲臣인댄 盡
지극야   욕위군   진군도   욕위신   진

臣道니 二者를 皆法堯舜而已矣니 不以舜之
신도 이자 개법요순이이의   불이순지

所以事堯로 事君이면 不敬其君者也요 不以堯
소이사요 사군   불경기군자야   불이요

之所以治民으로 治民이면 賊其民者也니라.
지소이치민   치민   적기민자야

다만 윗 사람은 예가 없고 아랫 사람은 배움이 없으면, 나라를 해치는 백성이 일어나서 망하는데 며칠 걸리지 않는다'고 하는 것이다."

　"『시경』에 이르기를, '하늘이 바야흐로 무너트리려 하니/ 그처럼 예예泄泄하지 말라.'고 하니, '예예'는 '답답沓沓'과 같은 뜻이다. 임금을 섬김에 의가 없고, 나아가며 물러감에 예가 없으며, 말했다 하면 선왕의 도를 비판하는 사람은 '답답'한 사람이다. 따라서 말하기를, '어려운 왕도를 군주에게 요구하는 것을 공손이라 이르고, 선한 것을 베풀고 사악함을 막는 것을 공경이라 하며, 우리 임금이 (왕도를 행하기에) 무능하다고 하는 것을 도적이라 이른다'고 한다."

▌『시경』: 生民편 板시　▌蹶 : 전복시킬 궤　▌泄泄 : 게으르고 느리며 줏대없이 기뻐하며 따르는 모양　▌非 : 비방할 비
▌沓沓 : 줏대없이 아첨함.

[7] 이루 상

② 맹자가 말하였다. "걸음쇠와 자는 동그라미와 네모의 표준이며, 성인은 인륜의 표준이다. 임금이 되고자 한다면 임금의 도를 다하고, 신하가 되고자 한다면 신하의 도를 다할 것이니, 두 가지를 모두 요임금과 순임금에게서 본받을 뿐이다. 순이 요임금을 섬기던 것으로써 임금을 섬기지 않는다면 그 임금을 공경하지 않는 사람이고, 요임금이 백성 다스리던 것으로써 백성을 다스리지 않는다면 그 백성을 도적질하는 사람이다.

　그래서 공자께서 말씀하시기를, '길은 두 갈래이니, 인과 불인일 뿐이다.'고 하셨다."

孔子ㅣ 曰道ㅣ 二니 仁與不仁而已矣라하시니라.
공자 왈도 이 인여불인이이의

暴其民이 甚則身弑國亡하고 不甚則身危國削
포기민 심즉신시국망 불심즉신위국삭

하나니 名之曰 幽厲면 雖孝子慈孫이라도 百世에
명지왈유려 수효자자손 백세

不能改也니라. 詩云 殷鑒不遠이라 在夏后之世
불능개야 시운은감불원 재하후지세

라하니 此之謂也니라.
차지위야

③ 孟子ㅣ 曰 三代之得天下也는 以仁이요 其失
맹자 왈 삼대지득천하야 이인 기실

天下也는 以不仁이니라. 國之所以廢興存亡者
천하야 이불인 국지소이폐흥존망자

ㅣ 亦然하니라. 天子ㅣ 不仁이면 不保四海하고 諸
역연 천자 불인 불보사해 제

侯ㅣ 不仁이면 不保社稷하고 卿大夫ㅣ 不仁이면
후 불인 불보사직 경대부 불인

不保宗廟하고 士庶人이 不仁이면 不保四體니라.
불보종묘 사서인 불인 불보사체

今에 惡死亡而樂不仁하나니 是猶惡醉而强酒니
금 오사망이낙불인 시유오취이강주

라.

"백성을 포악하게 함이 심하면 자신은 시해 당하고 나라는 멸망하며, 심하지 않다면 자신은 위태롭고 나라는 줄어들게 된다. 이름하여 유幽나 여厲라고 시호되면, 비록 효자와 자손 慈孫이라 하더라도 백세토록 그 시호를 고칠 수 없는 것이다. 『시경』에 이르기를, '은나라의 거울이 멀리 있지 않으니/ 바로 하후의 때에 있었네'라 한 것은 이를 두고 한 말이다."

▌ 幽厲 : 어두울 유, 사나울 려. 주나라를 망친 유왕과 려왕의 시호. 『시경』 : 蕩편 蕩시

[7] 이루 상

③ 맹자가 말하였다. "삼대가 천하를 얻은 것은 인 때문이고, 그 천하를 잃은 것은 불인 때문이다. 나라가 폐하고 흥하며 존재하고 망하는 까닭 또한 그러하다. 천자가 불인하면 사해를 보존하지 못하고, 제후가 불인하면 사직을 보존하지 못하며, 경·대부가 불인하면 종묘를 보존하지 못하고, 선비나 일반 백성이 불인하면 자기 몸을 보존하지 못한다.

지금 사람은 죽거나 망하는 것을 싫어하면서 불인을 좋아하는데, 이것은 취하기를 싫어하면서 억지로 술을 마시는 것과 같다."

▌ 四軆 : 四肢, 몸 ▌ 惡 : 싫어할 오 ▌ 强 : 억지로 할 강.

④ 孟子ㅣ 曰 愛人不親이어든 反其仁하고 治人不
　맹자　왈　애인불친　　　반기인　　치인불

　治어든 反其智하고 禮人不答이어든 反其敬이니라.
　치　　반기지　　예인부답　　　반기경

　行有不得者어든 皆反求諸己니 其身이 正而天
　행유부득자　　개반구저기　기신　정이천

　下ㅣ 歸之니라. 詩云 永言配命이 自求多福이라하니라.
　하　귀지　　　시운 영언배명　자구다복

⑤ 孟子ㅣ 曰 人有恒言호대 皆曰 天下國家라하나니
　맹자　왈　인유항언　　개왈　천하국가

　天下之本은 在國하고 國之本은 在家하고 家之本
　천하지본　재국　　국지본　재가　　가지본

　은 在身하니라.
　　재신

⑥ 孟子ㅣ 曰 爲政이 不難하니 不得罪於巨室이니
　맹자　왈　위정　불난　　부득죄어거실

　巨室之所慕를 一國이 慕之하고 一國之所慕를
　거실지소모　일국　모지　　일국지소모

　天下ㅣ 慕之하나니 故로 沛然德敎ㅣ 溢乎四海하
　천하　모지　　　고　패연덕교　일호사해

　나니라.

④ 맹자가 말하였다. "사람을 사랑해도 친해지지 않으면 자신의 인仁을 돌이켜 반성하고, 사람을 다스려도 다스려지지 않으면 자신의 지혜를 돌이켜 반성하며, 사람을 예로써 대해도 반응이 없으면 자신의 공경을 돌이켜 반성해야 한다.

행함에 뜻대로 되지 않는 것이 있으면 모두 자신을 돌이켜 보아야 하니, 그 자신이 바르면 천하가 돌아올 것이다. 『시경』에 말하기를, '길이 천명에 부응하기를 생각하는 것이/ 스스로 많은 복을 구하는 방법이다'라고 하였다."

▌『시경』: 文王편 文王시

⑤ 맹자가 말하였다. "사람이 늘 말하는 것이 있는데, 모두가 말하기를, '천하·나라·집'이라고 하니, 천하의 근본은 나라에 있고, 나라의 근본은 대부의 집안에 있고, 집안의 근본은 개개인의 몸에 있는 것이다."

▌恒 : 항상 항.

⑥ 맹자가 말하였다. "정치를 하는 것이 어렵지 않으니, 큰 가문에 죄를 짓지 않는 것이다. 큰 가문에서 사모하는 것을 한 나라가 사모하고, 한 나라가 사모하는 것을 천하가 사모한다. 따라서 성대한 덕의 교화가 천하에 넘칠 수 있는 것이다."

▌巨室 : 대대로 공경벼슬을 하는 대신의 가문 ▌沛然 : 성대히 흐르는 모양 ▌溢 : 충만할 일.

⑦ 孟子ㅣ 曰 天下ㅣ 有道엔 小德이 役大德하며 小賢이 役大賢하고 天下ㅣ 無道엔 小役大하며 弱役强하나니 斯二者는 天也니 順天者는 存하고 逆天者는 亡하나니라. 齊景公이 曰旣不能令하고 又不受命이면 是는 絶物也라하고 涕出而女於吳하니라.

今也에 小國이 師大國而恥受命焉하나니 是猶弟子而恥受命於先師也니라.

如恥之인댄 莫若師文王이니 師文王이면 大國은 五年이요 小國은 七年에 必爲政於天下矣리라.

詩云 商之孫子ㅣ 其麗不億이언마는 上帝旣命이라 侯于周服이로다. 侯服于周하니 天命靡常이라 殷士膚敏이 祼將于京이라하야늘 孔子ㅣ 曰仁不可爲衆也니 夫國君이 好仁이면 天下無敵이라하시

⑦ 맹자가 말하였다. "천하에 도가 있을 때는 작은 덕을 가진 사람이 큰 덕을 가진 사람에게 부림을 당하고, 작은 현자가 큰 현자에게 부림을 당하며, 천하에 도가 없을 때는 작은 자가 큰 자에게 부림을 당하고, 약한 자가 강한 자에게 부림을 당한다. 이 두 가지는 천리이니, 천리를 따르는 자는 보존되고, 천리를 어기는 자는 망한다.

제나라 경공이 말하기를, '이미 나라가 약하여 명령을 내리지 못하는데 또한 (오나라의) 명령을 받지 않는다면, 이것은 남과의 관계를 끊는 것이다'라고 하고, 눈물을 흘리면서 오나라로 딸을 시집보냈다. 지금 작은 나라가 큰 나라를 본받으면서(마치 강대국처럼 사치스럽고 여유있게 지내면서) 명령을 받는 것을 부끄럽게 여긴다면, 이것은 제자로서 선생에게 명령을 받는 것을 부끄럽게 여기는 것과 같다."

▌天 : 천리 천. ▌物 : 사람 물(=人). ▌女 : 시집보낼 녀.

"만일 부끄러워한다면, 문왕을 본받는 것만 못하니, 문왕을 본받는다면 큰 나라는 5년, 작은 나라는 7년이면 반드시 천하에 정치를 펼 수 있을 것이다.

『시경』에 이르기를, '은나라 자손의 수가/ 많지 않은 것은 아니지만/ 상제가 이미 명령을 내린지라/ 주나라에 복종하는구나/ 주나라에 복종하니/ 천명은 일정한 것이 아니다/ 은나라 선비로서 통달한 자들이/ 호경에서 제사를 돕는다'라고 하였다. 그래서 공자께서 말씀하시기를 '인한 사람에게는 무리가 많다고 이길 수 없으니, 나라의 임금이 인을 좋아하면 천하에 대적할 자가 없다.'고 하신 것이다.

이제 천하에 대적할 자가 없기를 바라면서도 인으로써 하지 않는다면, 이것은 뜨거운 것을 쥐고서 물로 씻지 않는 것

니라. 今也에 欲無敵於天下而不以仁하나니 是猶
執熱而不以濯也니 詩云 誰能執熱하야 逝不
以濯이리오하니라.

⑧ 孟子ㅣ 曰 不仁者는 可與言哉아? 安其危而利
其菑하야 樂其所以亡者하나니 不仁而可與言이면
則何亡國敗家之有리오? 有孺子ㅣ 歌曰 滄浪
之水ㅣ 淸兮어든 可以濯我纓이요 滄浪之水ㅣ 濁
兮어든 可以濯我足이라하야늘 孔子ㅣ 曰 小子아! 聽
之하라! 淸斯濯纓이요 濁斯濯足矣로소니 自取之
也라하시니라.
夫人必自侮然後에 人이 侮之하며 家必自毀而
後에 人이 毀之하며 國必自伐而後에 人이 伐之

과 같다. 『시경』에 이르기를, '누가 뜨거운 것을 쥐고서/ 씻지 않을 수 있겠는가?'라고 하였다."

▮ 『시경』: 文王편 文王시 ▮ 麗 : 숫자 려 ▮ 侯 : 어조사 후 (≒維) ▮ 靡 : 아닐 미 ▮ 膚 : 클 부 ▮ 敏 : 통달할 민
▮ 祼 : 강신제 관 ▮ 『시경』: 蕩편 桑柔시 ▮ 逝 : 어조사 서.

⑧ 맹자가 말하였다. "인하지 않은 자와 더불어 말할 수 있는가? 자기를 위태롭게 할 짓을 편안히 여기고, 자기에게 재앙이 될 짓을 이롭게 여기며, 자기가 멸망하게 될 짓을 즐긴다. 인하지 않은데도 더불어 말할 수 있다면, 어찌 나라를 망하게 하고 집안을 무너뜨리는 일이 있을 수 있겠는가?

어떤 아이가 노래하기를, '창랑의 물이 맑으면 내 갓 끈을 씻고, 창랑의 물이 흐리면 내 발을 씻는다'라고 하니, 공자께서 말씀하시기를, '제자들아, 들어 보거라. 맑으면 갓 끈을 씻고, 흐리면 발을 씻는다고 하니, 이것은 물 자체가 불러온 것이다'라고 하셨다."

▮ 菑 : 재앙 재 ▮ 滄浪 : 초나라의 강이름 ▮ 纓 : 갓끈 영.

[7] 이루 상

"사람은 반드시 스스로 업신여긴 다음에 남이 업신여기고, 집안은 반드시 집안에서 훼손한 다음에 남이 훼손하며, 나라는 반드시 나라 안에서 친 다음에 남이 치는 것이다.

나니라. 太甲에 曰 天作孼은 猶可違어니와 自作孼은
        태갑 왈 천작얼   유가위   자작얼

不可活이라하니 此之謂也니라.
불가활   차지위야

⑨ 孟子ㅣ 曰 桀紂之失天下也는 失其民也니 失
  맹자   왈 걸주지실천하야   실기민야   실

其民者는 失其心也라. 得天下ㅣ 有道하니 得其
기민자   실기심야   득천하   유도   득기

民이면 斯得天下矣리라. 得其民이 有道하니 得其
민   사득천하의   득기민   유도   득기

心이면 斯得民矣리라. 得其心이 有道하니 所欲을
심   사득민의   득기심   유도   소욕

與之聚之요 所惡를 勿施爾也니라.
여지취지   소오   물시이야

民之歸仁也ㅣ 猶水之就下며 獸之走壙也니라.
민지귀인야   유수지취하   수지주광야

故로 爲淵敺魚者는 獺也요 爲叢敺爵者는 鸇也
고   위연구어자   달야   위총구작자   전야

요 爲湯武敺民者는 桀與紂也니라. 今天下之君
   위탕무구민자   걸여주야   금천하지군

이 有好仁者면 則諸侯ㅣ 皆爲之敺矣리니 雖欲
   유호인자   즉제후   개위지구의   수욕

無王이나 不可得已니라.
무왕   불가득이

『서경』「태갑」에 이르기를, '하늘이 만든 재앙은 오히려 피할 수 있지만, 스스로 만든 재앙은 살 길이 없다'고 한 것은 이를 두고 한 말이다."

| 「태갑」: 공손추 상 4장(124쪽)과 중복된다.
| 孼 : 재앙 얼.

⑨ 맹자가 말하였다. "걸과 주가 천하를 잃은 것은 그 백성을 잃었기 때문이니, 그 백성을 잃었다는 것은 백성의 마음을 잃었다는 것이다.

천하를 얻는 데 방도가 있으니, 그 백성을 얻으면 천하를 얻을 수 있다. 그 백성을 얻는 데 방도가 있으니, 그 마음을 얻으면 백성을 얻을 수 있다. 백성의 마음을 얻는 데 도가 있으니, 원하는 바를 주어 모이게 하고, 싫어하는 바를 베풀지 말아야 한다."

"백성이 인으로 돌아가는 것은 마치 물이 아래로 흐르고 짐승이 들로 달아나는 것과 같다. 따라서 연못을 위해서 물고기를 몰아주는 것은 수달이고, 숲을 위해서 새를 몰아주는 것은 새매이며, 탕왕과 무왕을 위하여 백성을 몰아준 것은 걸과 주이다. 이제 천하의 임금 가운데 인을 좋아하는 사람이 있다면 제후들이 모두 그를 위해 (백성을) 몰아 줄 것이니, 비록 왕을 바라지 않더라도 어쩔 수 없을 것이다."

| 壙 : 넓은 들 광 | 敺 : 몰 구 | 獺 : 수달 달 | 叢 : 무성한 숲 총 | 爵 : 새 작(=雀) | 鸇 : 새매 전.

今之欲王者는 猶七年之病에 求三年之艾也니
금지욕왕자 유칠년지병 구삼년지애야

苟爲不畜이면 終身不得하리니 苟不志於仁이면
구위불축 종신부득 구부지어인

終身憂辱하야 以陷於死亡하리라. 詩云 其何能
종신우욕 이함어사망 시운 기하능

淑이리오? 載胥及溺이라하니 此之謂也니라.
숙 재서급닉 차지위야

⑩ 孟子ㅣ 曰 自暴者는 不可與有言也요 自棄者
  맹자 왈 자포자 불가여유언야 자기자

는 不可與有爲也니 言非禮義를 謂之自暴也요
  불가여유위야 언비예의 위지자포야

吾身不能居仁由義를 謂之自棄也니라. 仁은 人
오신불능거인유의 위지자기야 인은 인

之安宅也요 義는 人之正路也라. 曠安宅而弗
지안택야 의 인지정로야 광안택이불

居하며 舍正路而不由하나니 哀哉라!
거 사정로이불유 애재

⑪ 孟子ㅣ 曰 道在爾而求諸遠하며 事在易而求
  맹자 왈 도재이이구저원 사재이이구

諸難하나니 人人이 親其親하며 長其長이면 而天
저난 인인이 친기친 장기장 이천

"지금 왕 노릇 하기를 바라는 자는 마치 7년 된 병에 3년 말린 쑥을 구하는 것과 같으니, 참으로 (지금부터 말려서) 비축하지 않는다면 종신토록 얻지 못할 것이다. 진실로 인에 뜻을 두지 않는다면 종신토록 근심하고 치욕스럽게 되어 사망에 이를 것이다.

『시경』에 이르기를, '그 어찌 착할 수 있으리오?/ 서로 더불어 함정에 빠지게 된다'라고 한 것은 이를 두고 한 말이다."

▎艾 : 쑥 애 ▎『시경』: 蕩편 桑柔시 ▎淑 : 착할 숙(≒善)
▎載 : 곧 재(≒則) ▎胥 : 서로 서(≒相).

⑩ 맹자가 말하였다. "스스로 해롭게 하는 자(自暴者)와는 더불어 말할 수 없고, 스스로 버리는 자(自棄者)와는 더불어 행할 수 없으니, '말할 때 예의를 비방하는 것'을 일러 '스스로 해롭게 하는 자'라고 하고, '나는 인에 거하거나 의를 행할 수 없다'고 하는 것을 일러 '스스로 버리는 자'라고 한다. 인은 사람의 편안한 집이고, 의는 사람의 바른 길이다. 편안한 집을 비워두고 거처하지 않으며, 바른 길을 버리고 행하지 않으니, 안타깝도다!"

▎暴 : 해칠 포(≒害) ▎非 : 비방할 비 ▎曠 : 빌 광(≒空)
▎由 : 행할 유.

⑪ 맹자가 말하였다. "도가 가까운 데 있는데도 먼 데서 찾으며, 일이 쉬운 데 있는데도 어려운 데에서 찾는다. 사람마다 자기 어버이를 친애 하며, 자기 어른을 어른으로 모시면 천하가 평화로울 것이다."

下ㅣ平하리라.
하　평

⑫ 孟子ㅣ 曰 居下位而不獲於上이면 民不可得
　맹자　왈 거하위이불획어상　민불가득

而治也리라. 獲於上이 有道하니 不信於友면 弗
이치야　　획어상　유도　　불신어우　불

獲於上矣리라. 信於友ㅣ 有道하니 事親弗悅이면
획어상의　　신어우　유도　　사친불열

弗信於友矣리라. 悅親이 有道하니 反身不誠이면
불신어우의　　열친　유도　　반신불성

不悅於親矣리라. 誠身이 有道하니 不明乎善이면
불열어친의　　성신　유도　　불명호선

不誠其身矣리라.
불성기신의

是故로 誠者는 天之道也요 思誠者는 人之道也
시고　성자　천지도야　사성자　인지도야

니라. 至誠而不動者ㅣ 未之有也니 不誠이면 未
　　　지성이부동자　미지유야　불성　　미

有能動者也니라.
유능동자야

⑬ 孟子ㅣ 曰 伯夷 辟紂하야 居北海之濱이러니
　맹자　왈 백이　피주　　거북해지빈

▎邇 : 가까울 이(≒邇).

⑫ 맹자가 말하였다. "아래 지위에 있으면서 윗사람에게 (신임을) 얻지 못하면 백성을 다스릴 수 없을 것이다. 윗사람에게 (신임을) 얻는 데 방도가 있으니, 벗에게 신임을 받지 못하면 윗사람에게 (신임을) 얻을 수 없을 것이다. 벗에게 신임을 받는 데 도가 있으니, 어버이를 섬기는데 기뻐하지 않으신다면 벗에게 (신임을) 받을 수 없을 것이다. 어버이를 기쁘게 하는 데 도가 있으니, 자신을 반성해서 성실하지 못하다면 어버이를 기쁘게 할 수 없을 것이다. 자신을 성실하게 하는 데 도가 있으니, 선에 밝지 않다면 자신을 성실하게 할 수 없을 것이다."

"이 때문에 성실히 함(誠者)은 하늘의 도이며, 성실히 할 것을 생각하는 것(思誠者)은 사람의 도이다. 지극히 성실하고서 감동시키지 못한 자는 있지 않으니, 성실하지 않으면 감동시킬 자가 있지 않는 것이다."

⑬ 맹자가 말하였다. "백이가 주왕을 피하여 북해가에 거처하였는데, 문왕이 일어났다는 소식을 듣고 말하기를, '어찌 돌아

[7] 이루 상

聞文王作興하고 曰盍歸乎來리오? 吾聞西伯은
문문왕작흥   왈합귀호래   오문서백

善養老者라하고 太公이 辟紂하야 居東海之濱이러
선양노자   태공 피주   거동해지빈

니 聞文王作興하고 曰盍歸乎來리오? 吾聞西伯
  문문왕작흥   왈합귀호래   오문서백

은 善養老者라하니라.
  선양노자

二老者는 天下之大老也而歸之하니 是는 天下
이로자   천하지대로야이귀지   시   천하

之父ㅣ 歸之也라. 天下之父ㅣ 歸之어니 其子ㅣ
지부 귀지야   천하지부   귀지   기자

焉往이리오? 諸侯ㅣ 有行文王之政者면 七年之
언왕   제후   유행문왕지정자   칠년지

內에 必爲政於天下矣리라.
내   필위정어천하의

⑭ 孟子ㅣ 曰求也ㅣ 爲季氏宰하야 無能改於其
  맹자   왈구야 위계씨재   무능개어기

德이요 而賦粟이 倍他日한대 孔子ㅣ 曰求는 非我
덕   이부속   배타일   공자   왈구 비아

徒也로소니 小子아! 鳴鼓而攻之ㅣ 可也라하시니라.
도야   소자   명고이공지   가야

가지 않으리오? 내가 듣기에 서백은 늙은이를 잘 봉양한다'고 하였으며, 강태공이 주왕을 피하여 동해가에 거처하였는데, 문왕이 일어났다는 소식을 듣고서 말하기를, '어찌 돌아가지 않으리오? 내가 듣기에 서백은 늙은이를 잘 봉양한다'고 하였다.

두 장로는 천하의 큰 장로인데 돌아왔으니, 이것은 천하의 아버지가 돌아온 것이다. 천하의 아버지가 돌아왔으니, 그 자식이 어디로 가겠는가? 제후 가운데 문왕의 정사를 행하는 자가 있다면 7년 이내에 반드시 천하에 정사를 펼 수 있을 것이다."

[7] 이루 상

▎辟 : 피할 피(≒避) ▎濱 : 물가 빈 ▎作興 : 일어나다, 임금이 되다, 즉 서백이 되다. ▎盍 : 어찌 아니할 합
▎西伯 : 주왕이 문왕을 서쪽지역의 우두머리로 삼았기에 붙여진 칭호. ▎太公 : 성은 강姜. 이름은 상尙. 선조가 呂땅에 봉해졌으므로 여상이라고도 한다. 문왕의 아버지인 태공이 바라던 나라의 스승이라고 해서 태공망이라 불렸다.
▎二老 : 백이·강태공.

⑭ 맹자가 말하였다. "염구가 계씨의 가신이 되어 계씨의 덕을 바꾸지 못하고, 세금을 거두는 것이 이전에 비해 배가 되자, 공자께서 말씀하시기를, '염구는 내 제자가 아니다. 제자들아! 북을 울리며 성토하는 것이 옳다'고 하였다."

▎求 : 공자의 제자. 염구 ▎季氏 : 노나라 경대부卿大夫.
▎宰 : 가신家臣 ▎賦粟 : 세금으로 곡식을 걷어들임
▎小子 : 제자. ▎공자님 말씀은 『논어』 선진편에 나온다.

由此觀之컨댄 君不行仁政而富之면 皆棄於孔
유차관지 군불행인정이부지 개기어공

子者也니 況於爲之強戰하야 爭地以戰에 殺人
자자야 황어위지강전 쟁지이전 살인

盈野하며 爭城以戰에 殺人盈城인따녀? 此ㅣ 所謂
영야 쟁성이전 살인영성 차 소위

率土地而食人肉이라 罪不容於死니라. 故로 善
솔토지이식인육 죄불용어사 고 선

戰者는 服上刑하고 連諸侯者ㅣ 次之하고 辟草萊
전자 복상형 연제후자 차지 벽초래

任土地者ㅣ 次之니라.
임토지자 차지

⑮ 孟子ㅣ 曰 存乎人者ㅣ 莫良於眸子하니 眸子ㅣ
맹자 왈 존호인자 막량어모자 모자

不能掩其惡하나니 胸中이 正則眸子ㅣ 瞭焉하고
불능엄기악 흉중 정즉모자 요언

胸中이 不正則眸子ㅣ 眊焉이니라. 聽其言也요
흉중 부정즉모자 모언 청기언야

觀其眸子면 人焉廋哉리오?
관기모자 인언수재

⑯ 孟子ㅣ 曰 恭者는 不侮人하고 儉者는 不奪人하나
맹자 왈 공자 불모인 검자 불탈인

"이로써 본다면, 군주가 인정을 행하지 않는데도 그 군주를 부유하게 하면 모두 공자님께 버림을 받을 자이다. 하물며 그를 위해 힘써 싸워서 땅을 다툰 전쟁에 사람을 죽인 것이 들에 가득하며, 성을 다툰 전쟁에 사람을 죽인 것이 성에 가득한 경우에 있어서이겠는가? 이것은 이른바 토지를 이끌어 사람 고기를 먹인다는 것이니, 죄가 죽음으로도 용납될 수 없는 것이다. 따라서 (불인한 군주를 위해서) 전쟁을 잘하는 자는 극형에 해당하고, 제후들과 연합시키는 자는 다음 형에 해당되며, 황무지를 개간하여 토지를 맡기는 자는 그 다음 형에 해당된다."

▎辟 : 개간할 벽 ▎草萊 : 풀밭과 쑥밭

▎전쟁을 해서 국토를 늘리고, 제후들과 연합시켜 임금의 권세를 안정시키고, 황무지를 개간해서 토지를 넓히는 것은 모두 군주를 부유롭게 하는 일이다.

⑮ 맹자가 말하였다. "사람에게 있는 것 가운데 눈동자보다 선량한 것이 없으니, 눈동자는 그 악함을 감추지 못한다. 마음이 바르면 눈동자가 밝고, 마음이 바르지 못하면 눈동자가 몽롱하다. 그 사람의 말을 들으며 그 눈동자를 본다면 사람들이 어찌 속일 수 있겠는가?"

▎良 : 선량할 량(=善) ▎眸子 : 눈동자 ▎瞭 : 밝을 료
▎眊 : 몽롱할 모 ▎廋 : 숨길 수.

⑯ 맹자가 말하였다. "공손한 사람은 남을 업신여기지 않고, 검소한 사람은 남을 약탈하지 않는다.

[7] 이루 상

니 侮奪人之君은 惟恐不順焉이어니 惡得爲恭
모탈인지군 유공불순언 　　 오득위공

儉이리오? 恭儉은 豈可以聲音笑貌爲哉리오?
검　　　공검　기가이성음소모위재

⑰ 淳于髡이 曰男女ㅣ 授受不親이 禮與잇가?
순우곤　왈남녀　수수불친　예여

孟子ㅣ 曰禮也니라.
맹자　왈예야

曰 嫂溺則援之以手乎잇가?
왈 수닉즉원지이수호

曰 嫂溺不援이면 是는 豺狼也니 男女ㅣ 授受不
왈 수닉불원　　시　시랑야　남녀　수수불

親은 禮也요 嫂溺이어든 援之以手者는 權也니라.
친　예야　수닉　　　원지이수자　권야

曰 今天下ㅣ 溺矣어늘 夫子之不援은 何也잇고?
왈 금천하　닉의　　부자지불원　하야

曰 天下ㅣ 溺이어든 援之以道요 嫂溺이어든 援之
왈 천하　닉　　　원지이도　수닉　　　원지

以手니 子欲手援天下乎아?
이수　자욕수원천하호

⑱ 公孫丑ㅣ 曰君子之不敎子는 何也잇고?
공손추　왈군자지불교자　하야

남을 업신여기고 약탈하는 군주는 오직 남들이 순종하지 않을까 염려하니, 어찌 공손하거나 검소할 수 있겠는가? 공손함과 검소함을 어찌 음성이나 웃는 모습으로써 할 수 있겠는가?"

⑰ 순우곤이 말하였다. "남녀가 직접 주고받지 않는 것이 예입니까?" 맹자가 말하였다. "예이다."

　순우곤이 말하였다. "형수가 물에 빠진다면 손으로 구원해야 합니까?" 맹자가 말하였다. "형수가 물에 빠졌을 때 구원하지 않는다면 이것은 승냥이나 이리이다. 남녀가 직접 주고받지 않는 것은 예이며, 형수가 물에 빠졌을 때 손으로 구하는 것은 권도이다."

| 淳于髡 : 순우는 성, 곤은 이름, 제나라의 변사辯士.
| 親 : 친히 친　| 嫂 : 형수 수　| 援 : 구원할 원　| 權 : 저울추 권, 저울질해서 일처리 하는 것.

　순우곤이 말하였다. "지금 천하가 물에 빠졌는데 선생님이 구하지 않는 것은 어째서입니까?"

　맹자가 말하였다. "천하가 물에 빠지면 도로써 구하는 것이고, 형수가 물에 빠지면 손으로 구하는 것인데, 그대는 손으로 (권도로) 천하를 구하고자 하는가?"

⑱ 공손추가 말하였다. "군자(선생님)께서 직접 자식을 가르치지 않는 것은 무슨 까닭입니까?"

[7] 이루 상

孟子ㅣ 曰 勢不行也니라. 敎者는 必以正이니 以
맹자 왈 세불행야   교자는 필이정   이

正不行이어든 繼之以怒하고 繼之以怒則反夷矣
정불행   계지이노   계지이노즉반이의

니 夫子ㅣ 敎我以正하사되 夫子도 未出於正也라
부자   교아이정   부자   미출어정야

하면 則是父子相夷也니 父子相夷則惡矣니라.
즉시부자상이야   부자상이즉악의

古者에 易子而敎之하니라. 父子之間은 不責善
고자   역자이교지   부자지간   불책선

이니 責善則離하나니 離則不祥이 莫大焉이니라.
책선즉리   이즉불상   막대언

⑲ 孟子ㅣ 曰 事孰爲大오? 事親이 爲大하니라. 守孰
   맹자   왈 사숙위대   사친   위대   수숙

爲大오? 守身이 爲大하니라. 不失其身而能事其
위대   수신   위대   불실기신이능사기

親者를 吾聞之矣요 失其身而能事其親者를
친자   오문지의   실기신이능사기친자

吾未之聞也로라. 孰不爲事리오마는 事親이 事之
오미지문야   숙불위사   사친   사지

本也요 孰不爲守리오마는 守身이 守之本也니라.
본야   숙불위수   수신   수지본야

曾子ㅣ 養曾晳호대 必有酒肉이러시니 將徹할새 必
증자   양증석   필유주육   장철   필

맹자가 말하였다. "형세가 할 수 없기 때문이다. 가르치는 자는 반드시 올바름으로써 하는 것인데, 올바름이 행해지지 않는다면 노여움이 뒤따르고, 노여움이 뒤따르면 도리어 자식을 상하게 한다. '아버지가 나를 올바름으로 가르치려 하시면서 아버지도 행실이 올바름에서 나오지 않는다.'고 한다면 이것은 부자가 서로 상하게 하는 것이니, 부자가 서로 상하게 한다면 나쁠 것이다.

옛날에는 자식을 서로 바꾸어 가르쳤다. 부자 사이는 선으로 책망하지 않으니, 선으로 책망하면 정이 떨어지게 되고, 떨어지게 된다면 상서롭지 못함이 이보다 큰 것이 없다."

▎夷 : 상할 이(=傷) ▎責 : 요구할 책.
▎맹자가 아들 匽(仲子)을 직접 가르치지 않고, 공손추에게 맡겨 가르치게 한 것에 대해 이유를 물은 것이다.

[7] 이루 상

⑲ 맹자가 말하였다. "섬기는 일 중에 무엇이 큰 것인가? 어버이를 섬기는 일이 크다. 지키는 일 중에 무엇이 중요한가? 몸을 지키는 일이 크다. 그 몸을 잃지 않고 그 어버이를 섬길 수 있는 사람을 나는 들어봤지만, 그 몸을 잃고서 그 어버이를 섬길 수 있었다는 사람은 나는 아직 들어보지 못하였다.

무엇인들 섬기는 일이 아니겠는가만 어버이를 섬기는 것이 섬김의 근본이요, 무엇인들 지키는 일이 아니겠는가만 몸을 지키는 것이 지킴의 근본이다."

▎守身 : 몸을 지킨다는 말로, 불의에 빠지지 않도록 함을 뜻한다.

"증자가 증석을 봉양할 때 반드시 술과 고기를 준비하였는데, 상을 물리려고 할 때 반드시 '누구에게 줄까요?'라고 여

請所與하시며 問有餘어든 必曰有라하더시다. 曾晳이
청소여　　　문유여　　　필왈유　　　　　　　증석

死커늘 曾元이 養曾子호대 必有酒肉하더니 將徹할
사　　증원　　양증자　　　필유주육　　　　장철

새 不請所與하며 問有餘어시든 曰亡矣라하니 將以
　　불청소여　　　문유여　　　　왈무의　　　장이

復進也라. 此 所謂養口體者也니 若曾子則
부진야　　차　소위양구체자야　　약증자즉

可謂養志也니라. 事親을 若曾子者 可也니라.
가위양지야　　　사친　약증자자　　가야

⑳ 孟子 曰 人不足與適也며 政不足間也라. 惟
　　맹자　왈 인부족여적야　　정부족간야　　유

大人이아 爲能格君心之非니 君仁이면 莫不仁
대인　　　위능격군심지비　　군인　　　막불인

이요 君義면 莫不義요 君正이면 莫不正이니 一正君
　　 군의　　막불의　　군정　　　막불정　　일정군

而國이 定矣니라.
이국　　정의

㉑ 孟子 曰 有不虞之譽하며 有求全之毁하니라.
　　맹자　왈 유불우지예　　　유구전지훼

쭈었으며, '남은 것이 있느냐?'고 물으시면 반드시 '있습니다.' 라고 하였다. 증석이 죽고 증원이 증자를 봉양할 때도 반드시 술과 고기를 준비하였는데, 상을 물리려고 할 때 '누구에게 줄까요?'라고 여쭙지 않았고, '남은 것이 있느냐?'라고 물으면 반드시 '없습니다.'라고 대답하였는데, 다음에 다시 올리기 위한 것이었다. 이것은 이른바 '입과 몸을 봉양한다'는 것이며, 증자처럼 하는 것은 '뜻을 봉양한다.'고 말할 수 있다. 어버이를 섬기는 것은 증자처럼 하는 것이 옳다."

- 曾子 : 공자의 제자, 이름은 참參, 효행으로 유명하다.
- 曾晳 : 공자의 제자, 이름은 점點, 증자의 아버지
- 曾元 : 증자의 아들
- 亡 : 없을 무(≒無)
- '남은 것이 있느냐?'고 물으신 것은 다른 사람에게 주려고 한 것이다.

⑳ 맹자가 말하였다. "사람 등용을 군주와 더불어 허물할 수 없으며, 정사를 흠잡을 수 없다. 오직 대인이라야 군주의 잘못된 마음을 바로잡을 수 있다. 군주가 인하면 인하지 않는 사람이 없고, 군주가 의로우면 의롭지 않은 사람이 없으며, 군주가 바르면 바르지 않은 사람이 없으니, 한번 군주를 바로 잡으면 나라가 안정된다."

- 適 : 허물할 적(≒過)
- 間 : 비난할 간(≒非)
- 格 : 바로잡을 격. 군주가 사람을 등용한 것이나 정사를 베푼 것은 군주의 고유권한이다. 다만 군주가 올바른 판단을 하도록 바로잡아야 한다는 것이다.

㉑ 맹자가 말하였다. "생각지 못한 기림이 있을 수도 있고, 온전함을 추구하다 비방을 받을 수도 있다."

- 虞 : 헤아릴 우(≒度).

㉒ 孟子ㅣ 曰人之易其言也는 無責耳矣니라.
　　맹자　 왈 인지이기언야　무책이의

㉓ 孟子ㅣ 曰人之患이 在好爲人師니라.
　　맹자　 왈 인지환 재호위인사

㉔ 樂正子ㅣ 從於子敖하야 之齊러니 樂正子ㅣ 見
　　악정자　 종어자오　　 지제 　　악정자　 현

孟子한대 孟子ㅣ 曰子亦來見我乎아?
맹자　　 맹자　 왈 자역내견아호

曰 先生은 何爲出此言也시니잇고?
왈 선생　 하위출차언야

曰 子來幾日矣오?
왈 자래기일의

曰 昔者니이다.
왈 석자

曰 昔者則我出此言也ㅣ 不亦宜乎아?
왈 석자즉아출차언야　 불역의호

曰 舍館을 未定이라이다.
왈 사관　 미정

曰 子ㅣ 聞之也아? 舍館을 定然後에 求見長者
왈 자　 문지야　 사관 　정연후　 구견장자

乎아?
호

㉒ 맹자가 말하였다. "사람이 말을 가볍게 하는 것은 꾸짖음을 받지 않았기 때문이다."
┃ 易 : 가벼울 이.

㉓ 맹자가 말하였다. "사람의 병폐는 다른 사람의 스승 되기를 좋아하는데 있다."

㉔ 악정자가 자오를 따라 제나라에 갔다. 악정자가 맹자를 뵙자 맹자가 말하였다. "자네 또한 나를 보러 왔는가?"
　악정자가 말하였다. "선생님은 어째서 그렇게 말씀을 하십니까?"
　맹자가 말하였다. "자네 온 지 며칠 되었나?"
　악정자가 말하였다. "어제 왔습니다."
　맹자가 말하였다. "어제 왔다면 내가 이런 말을 하는 것이 마땅하지 않은가?"
　악정자가 말하였다. "숙소를 정하지 못해서였습니다."
　맹자가 말하였다. "자네는 들었는가? 숙소를 정한 후에 어른을 찾아뵌다고 하던가?"
　악정자가 말하였다. "제가 잘못했습니다."
┃ 樂正子 : 노나라 사람으로 맹자의 제자, 악정은 성, 이름은 극克. ┃ 子敖 : 제나라 선왕의 총신인 왕환王驩의 자字
┃ 昔者 : 어제. ┃ 舍館 : 여관.

[7] 이루 상

曰克이 有罪호이다.
왈 극 유 죄

㉕ 孟子ㅣ 謂樂正子曰 子之從於子敖來는 徒
맹자 위악정자왈 자지종어자오래   도

餔啜也로다. 我ㅣ 不意子ㅣ 學古之道而以餔啜
포철야   아 불의자   학고지도이이포철

也호라.
야

㉖ 孟子ㅣ 曰 不孝有三하니 無後爲大하니라. 舜이
맹자 왈 불효유삼   무후위대   순

不告而娶는 爲無後也시니 君子ㅣ 以爲猶告也
불고이취 위무후야   군자   이위유고야

라하니라.

㉗ 孟子ㅣ 曰 仁之實은 事親이 是也요 義之實은
맹자 왈 인지실 사친 시야 의지실

從兄이 是也니라. 智之實은 知斯二者하야 弗去
종형 시야   지지실 지사이자   불거

是也요 禮之實은 節文斯二者ㅣ 是也요 樂之實
시야 예지실 절문사이자   시야 악지실

㉕ 맹자가 악정자에게 말하였다. "자네가 자오를 따라 온 것은 한갓 먹고 마시기 위해서이다. 나는 자네가 옛 도를 배워서 먹고 마시는 데 쓰리라고 생각하지 못하였네."

▎徒 : 한갓 도(≒但) ▎餔啜 : 먹고 마심.

㉖ 맹자가 말하였다. "불효에 세 가지가 있으니, 후손이 없는 것이 가장 크다. 순이 부모에게 알리지 않고 장가든 것은 후손이 없을까 염려해서이니, (후세의) 군자들은 '아뢴 것과 같다'고 여긴다."

▎後 : 후손을 뜻한다.

㉗ 맹자가 말하였다. "인의 실상은 어버이를 섬기는 것이고, 의의 실상은 형을 따르는 것이며, 지의 실상은 이 두 가지를 알아서 벗어나지 않는 것이고, 예의 실상은 이 두 가지를 알맞게 조절하고 꾸미는 것이며, 악의 실상은 이 두 가지를 즐거워하는 것이다. 즐거워한다면 (인과 의가) 생겨나니, 생겨나면 어찌 그만둘 수 있겠는가?

은 樂斯二者니 樂則生矣니 生則惡可已也리오?
　　낙사이자　　낙즉생의　　생즉오가이야

惡可已則不知足之蹈之하며 手之舞之니라.
오가이즉부지족지도지　　　수지무지

㉘ 孟子ㅣ 曰 天下ㅣ 大悅而將歸己어든 視天下
　맹자　왈 천하　대열이장귀기　　시천하

悅而歸己호대 猶草芥也는 惟舜이 爲然하시니 不
열이귀기　　유초개야　유순　위연　　부

得乎親이란 不可以爲人이요 不順乎親이란 不可
득호친　　불가이위인　　불순호친　　불가

以爲子러시다. 舜이 盡事親之道而瞽瞍ㅣ 底豫
이위자　　순　진사친지도이고수　지예

하니 瞽瞍ㅣ 底豫而天下ㅣ 化하며 瞽瞍ㅣ 底豫而
　　고수　지예이천하　화　　　고수　지예이

天下之爲父子者ㅣ 定하니 此之謂大孝니라.
천하지위부자자　정　　　차지위대효

'어찌 그만둘 수 있겠는가?'의 단계라면, 자기도 모르게 발로 뛰고 손으로 춤추게(어버이를 따르고 형을 따르게) 될 것이다."

▎節文 : 격에 알맞게 절제하고 잘 꾸밈(品節文章).

㉘ 맹자가 말하였다. "천하가 크게 기뻐하여 장차 자신에게 돌아오려 하였는데, 천하가 기뻐하여 자신에게 돌아옴을 마치 지푸라기와 같이 여긴 것은 오직 순임금이 그러하셨으니, 어버이에게 뜻을 얻지 못하면 사람이 될 수 없고, 어버이에게 순종하지 못한다면 자식이 될 수 없다고 생각하신 것이다. 순임금이 어버이를 섬기는 도를 다함에 고수가 기뻐하게 되고, 고수가 기뻐함에 천하가 교화되며, 고수가 기뻐함에 천하의 부자관계가 안정되었으니, 이를 일러 큰 효도(大孝)라고 한다."

▎草芥 : 지푸라기 ▎瞽瞍 : 순임금의 아버지 ▎底 : 이를 지
▎豫 : 기뻐할 예.

인물 색인

- ❖ 간자 ①213   간자는 1권의 213페이지를 찾으면 된다.
- ❖ 연속된 페이지의 경우 시작 페이지만 기재하였다.
- ❖ 장구명에 나온 인물들은 장구에 포함되지 않은 경우만 표시하였다. 예)공손추 만장
- ❖ 서경과 시경은 편명을 기재하였다.
- ❖ 왕은 앞에 나라이름을 함께 찾도록 하였다. 예)양 혜왕

ㄱ

간자	①213
갈백	①223
걸	①263 ②67,177
경자/경추씨	①143
경춘	①215
계손씨	①165
계씨	①269
계임	②163
계자	②123,163
고수	②157,219
고요	②219
고자高子	①169 ②157,243,245
고자告子	①107,111,227
곤鯀	②51
곤이	①63
공공	②51
공도자	①153 ②31,121,125,145,225
공명고	②43
공명의	①177,237 ②21
공손연	①215
공손추	①229,273 ②157,183,215,223 231,257
공수자	①249
공의자	②167
공자	①31,105,115,123,131,181,201,211 237,255,259,261,269 ②29,55,69,75,83,97, 135,263,265
공행자	②25
관숙	①159
관중(관이오)	①101 147 ②185
광장	①241,243 ②33
교격	①103 ②185
구천	①63
금장	①261
기량	②167
기자	①103

ㄴ

노 목공	②77,101 105,167
노 평공	①93

ㄷ

단간목	①231
단주	②65
대불승	①227
대영지	①233
도올	②19
도응	②219
도척	①241 ②211
동곽씨	①141
등갱	②225
등 문공	①89,177
등 정공	①179

ㄹ

래주	②265

ㅁ

만장	①223 ②261,265
맹계자	②121
맹분보	①107
맹시사	①109
맹중자	①141
맹헌자	②89
면구	②167
목중	②89
목피	②261
무왕	①65 ②125,255
묵적	①237 ②211
문왕	①63,121,191, 237,259,269 ②5,

284

	17,125,197,205,245	
미자	②73	
미자계	②125	
민자	①115,117	

ㅂ

방몽	②21
방훈	②55
백규	②177
백리해	②75,167
백이	①117,135,241
267②79,83,165,205,241	
부열	②185
부용	②85
북궁유	①107,109
북궁의	②83
분성괄	②251
비간	①103 ②125
비 혜공	②89

ㅅ

사성정자	②75
산의생	②265
삼묘	②51
상	②49
서경 강고	①207 ②93
군아	①237
낙고	②166
대우모	①235 ②59
목서	②237
무성	①227
열명상	①177
요전	②55
이훈	②73
중훼지고	①85,225
탕서	①25

태갑	①25,227,263
	②67,215
태서	①65,227 ②63
서백	①269
서벽	①207
서자	②15
설거주	①229
설류	①231
성왕	①237
손숙오	②185
송경	②159
송구천	②195
순	①133 ②5,17,29,
43,61,71,91,155,185,	
201,211,219,255,263	
순우곤	①273 ②165
시경 가락	①249
개풍	②159
거개	①213
공류	①73
기취	②147
남산	②47
대동	②109
대전	①187
면	①75 ②245
문왕	①23,125,187,
257,259	
백주	②245
벌단	②217
북산	②57
비궁	①203,239
사재	①45
상유	①261,265
소변	②157

아장	①63
영대	①23,41
운한	②57
정월	①73
증민	②127
치효	①125
칠월	①183
탕	①255
판	①253
하무	②59
황의	①65
시자	①163
신농씨	①191
신자	②173
심동	①157
심유행	②35

ㅇ

악정구	②89
악정자	①95,279,
	②181,247
안수유	②73
안연/안자/안회	①101
115~117,177 ②31	
양자	②211
양주	①237
양 혜왕	②231
양호	①185
양화	①231
여왕	②125
역아	②129
연우	①179,181
염구	①269
염우	①115,117
영대	①25

285

영소	①25	
예	②21,225	
오확	②155	
옥려자	②151,163	
옹저	②73	
왕량	①213	
왕자점	②217	
왕표	②167	
왕환	①153	
요	②45,61,71,91, 155,255,263	
용자	①185,②129	
우공	②77	
우禹	①133,239, ②17,25,29,65,245	
유공사	②21	
유약	①119~203	
유왕	②125	
유하혜	①137,135, ②81,83,165,213,241	
윤공타	②21	
윤사	①169,171	
이윤	①117,147 ②67 69,79,165,215,265	
이지(이자)	①205,207	
익	②65,69	

ㅈ

자공	①115~203	
자도	②131	
자로	①101,133 ②75	
자류	②167	
자막	②211	
자사	②35,101,167	
자산	②5,51	
자숙의	①165
자양	①109
자오	①279 ②27
자유/자장	①117,203
자쾌	①157
자탁유자	②21
자하	①109,117,203
장식	②43
장의	①215
장창	①93
장포	①55
재아	①115,119
저자	②35,163
제 경공	①67,71②107
제 선왕	①37,63, ②7,111,223
제환공	①37,147②171
조교	②153
조맹	②147
주공	①159,201 ②17,69,175
주소	①219
주왕	①227,263,267 ②67,79,205
중니	①201
증서	①101
증석	①275②257,261
증원	①277
증자	①109,145,179, 231,275 ②35,257
지와	①151
직稷	②29
진가	①159
진대	①211

진량	①191
진 목공	②75,167
진 문공	①37
진상	①191~193,203
진언	②169
진자	①163 ②183
진중자	①241 ②217
진진	①147 ②245
진 평공	②9

ㅊ

척환	②73
추 목공	①87
춘추	①237,239 ②19
충우	①155,171

ㅌ

탕	①63,121,147,223 ②17,67,71,255,265
태공	①175,205 ②265
태왕	①63,91
태정	②67

ㅍ

팽갱	①219
풍부	②245
필전	①187

ㅎ

함구몽	②55,57
향원	②261
허행	①191,193
혁추	②135
호생불해	②247
호연지기	①113
호흘	①39
화주	②167
환사마	②75

	17,125,197,205,245	태갑	①25,227,263
미자	②73		②67,215
미자계	②125	태서	①65,227②63
민자	①115,117	서백	①269
ㅂ		서벽	①207
방몽	②21	서자	②15
방훈	②55	설거주	①229
백규	②177	설류	①231
백리해	②75,167	성왕	①237
백이	①117,135,241	손숙오	②185
	267②79,83,165,205,241	송경	②159
부열	②185	송구천	②195
부용	②85	순	①133 ②5,17,29,
북궁유	①107,109		43,61,71,91,155,185,
북궁의	②83		201,211,219,255,263
분성괄	②251	순우곤	①273 ②165
비간	①103 ②125	시경 가락	①249
비 혜공	②89	개풍	②159
ㅅ		거개	①213
사성정자	②75	공류	①73
산의생	②265	기취	②147
삼묘	②51	남산	②47
상	②49	대동	②109
서경 강고	①207②93	대전	①187
군아	①237	면	①75 ②245
낙고	②166	문왕	①23,125,187,
대우모	①235 ②59		257,259
목서	②237	백주	②245
무성	①227	벌단	②217
열명상	①177	북산	②57
요전	②55	비궁	①203,239
이훈	②73	사재	①45
중훼지고	①85,225	상유	①261,265
탕서	①25	소변	②157

아장	①63		
영대	①23,41		
운한	②57		
정월	①73		
증민	②127		
치효	①125		
칠월	①183		
탕	①255		
판	①253		
하무	②59		
황의	①65		
시자	①163		
신농씨	①191		
신자	②173		
심동	①157		
심유행	②35		
ㅇ			
악정구	②89		
악정자	①95,279,		
	②181,247		
안수유	②73		
안연/안자/안회	①101		
115~117,177 ②31			
양자	②211		
양주	①237		
양 혜왕	②231		
양호	①185		
양화	①231		
여왕	②125		
역아	②129		
연우	①179,181		
염구	①269		
염우	①115,117		
영대	①25		

285

영소	①25	
예	②21,225	
오확	②155	
옥려자	②151,163	
옹저	②73	
왕량	①213	
왕자점	②217	
왕표	②167	
왕환	①153	
요	②45,61,71,91,155,255,263	
용자	①185,②129	
우공	②77	
우禹	①133,239, ②17,25,29,65,245	
유공사	②21	
유약	①119~203	
유왕	①125	
유하혜	①137,135, ②81,83,165,213,241	
윤공타	②21	
윤사	①169,171	
이윤	①117,147 ②67,69,79,165,215,265	
이지(이자)	①205,207	
익	②65,69

ㅈ
자공	①115~203
자도	②131
자로	①101,133 ②75
자류	②167
자막	②211
자사	②35,101,167
자산	②5,51
자숙의	①165
자양	①109
자오	①279 ②27
자유/자장	①117,203
자쾌	①157
자탁유자	②21
자하	①109,117,203
장식	②43
장의	①215
장창	①93
장포	①55
재아	①115,119
저자	②35,163
제 경공	①67,71②107
제 선왕	①37,63, ②7,111,223
제환공	①37,147②171
조교	②153
조맹	②147
주공	①159,201 ②17,69,175
주소	①219
주왕	①227,263,267 ②67,79,205
중니	①201
증서	①101
증석	①275②257,261
증원	①277
증자	①109,145,179,231,275 ②35,257
지와	①151
직稷	②29
진가	①159
진대	①211

진량	①191
진 목공	②75,167
진 문공	①37
진상	①191~193,203
진언	②169
진자	①163 ②183
진중자	①241 ②217
진진	①147 ②245
진 평공	②89

ㅊ
척환	②73
추 목공	①87
춘추	①237,239 ②19
충우	①155,171

ㅌ
탕	①63,121,147,223 ②17,67,71,255,265
태공	②175,205 ②265
태왕	①63,91
태정	②67

ㅍ
팽갱	①219
풍부	②245
필전	①187

ㅎ
함구몽	②55,57
항원	②261
허행	①191,193
혁추	②135
호생불해	②247
호연지기	①113
호흘	①39
화주	②167
환사마	②75

대유학당 출판물 안내

자세한 사항은 대유학당으로 문의해 주십시오.
전화 : 02-2249-5630 / 02-2249-5631
입금계좌 : 국민은행 807-21-0290-497 예금주 - 윤상철
홈페이지 : 대유학당 www.daeyou.net
서적구입 : www.daeyou.or.kr

주역

▸ 주역입문2	김수길 윤상철 지음	15,000원
▸ 대산주역강해(상/하)	김석진 지음	30,000원
▸ 주역전의대전역해(상/하)	김석진 번역	70,000원
▸ 주역인해	김수길 윤상철 번역	12,000원
▸ 대산석과(대산의 주역인생 60년)	김석진 지음	20,000원
▸ 우리의 미래(대산선생이 바라본)	김석진 지음	10,000원

주역 활용

▸ 황극경세(전5권)	윤상철 번역	200,000원
▸ 하락리수(전3권) 2009개정	김수길 윤상철 번역	90,000원
▸ 하락리수 CD	윤상철 총괄	400,000원
▸ 대산주역점해	김수길 윤상철 번역	27,000원
▸ 매화역수	김석진 지음	20,000원
▸ 후천을 연 대한민국	윤상철 지음	16,400원
▸ 주역 신기묘산	윤상철 지음	20,000원
▸ 육효 증산복역(전2권)	김선호 지음	40,000원

음양 오행학

▸ 오행대의(전2권)	김수길 윤상철 번역	35,000원
▸ 음부경과 소서 심서(전3권)	김수길 윤상철 번역	22,000원
▸ 천문류초(전정판)	김수길 윤상철 번역	20,000원
▸ 태을천문도(2008 개정판)	윤상철 총괄	60,000원
▸ 연해자평(번역본)	오청식 번역	50,000원
▸ 세종대왕이 만난 우리별자리	윤상철 지음	36,000원

예언 꿈			
	예언의 허와 실	현오스님 지음	9,600원
	꿈! 미래의 열쇠	현오스님 지음	20,000원
	꿈과 마음의 비밀	현오/류정수 지음	9,000원
	옴! 그림으로 푼 천수경	대명스님 지음	12,000원
	마음의 달(전2권)	만행스님 지음	20,000원

기문 육임			
	기문둔갑신수결	류래웅 지음	16,000원
	육임입문123(전3권)	이우산 지음	50,000원
	육임입문 720과 CD	이우산 감수	100,000원
	육임실전	이우산 지음	30,000원
	육임필법부	이우산 지음	35,000원

사서류			
	집주완역 대학	김수길 번역	20,000원
	집주완역 중용(상/하)	김수길 번역	40,000원
	강독용 대학/중용	김수길 감수	11,000원
	부수활용 성어사전	유화동 지음	35,000원
	소리나는 통감절요	김수길 윤상철 번역	25,000원

자미 두수			
	자미두수 전서(상/하)	김선호 번역	100,000원
	실전 자미두수(전2권)	김선호 지음	36,000원
	심곡비결	김선호 번역	43,200원
	자미두수 입문	김선호 지음	20,000원
	자미두수 전문가용 CD	김선호/김재윤	400,000원
	중급자미두수(상/하)	김선호 지음	40,000원

손에 잡히는 경전

❶ 주역점
❷ 주역인해(원문+정음+해석)
❸ 대학 중용(원문+정음+해석)
❹ 경전주석 인물사전
❺ 도덕경/음부경
❻ 논어
❼ 절기체조
❽~❾ 맹자
❿ 신기묘산
⓫ 자미두수

각권 288~336p 10,000원

	~B.C.370	~360(13세)	~350(23세)	~340(33세)
	372 맹자탄생	노나라에서 유학		
노魯	공공 ~353			강공 352-344 경공
제齊	위왕 ~320			
양梁		혜왕 370~335		

전국시대 맹자의 행적도

B.C.372 추나서 탄생
15세 노나라
41세 추나라

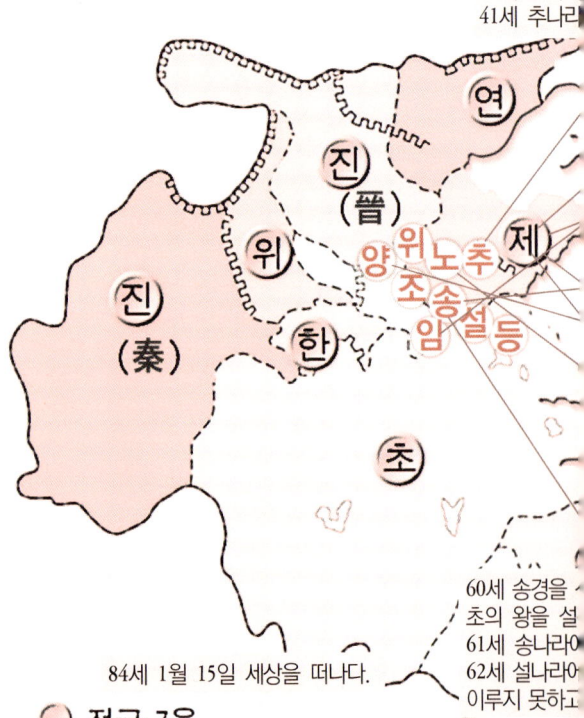

60세 송경을
초의 왕을 설
61세 송나라에
62세 설나라에
이루지 못하고

84세 1월 15일 세상을 떠나다.

○ 전국 7웅

(43세)	~320(53세)	~310(63세)	~300(73세)	~290
라를 돌아다니다	후학양성			289맹자별세
3	평공 322~303		문공 302~280	
선왕 319~301		민왕 300~284		양왕
양왕 334~319				

금의 산동성 추현)에

유학하다.
을 만나다.

서 만나 인의로 진·
을 권하다.
나라로 가다.
나라로 갔다가 뜻을
추나라로 돌아오다.

42세 제나라 평륙에 머무르다.

43세 추나라에서 임나라로 가다.

44세 제나라 평륙에서 수도인 임치로 가다.
45세 제나라의 빈사賓師가 되다.
46세 등 문공이 세자일 때 만남.
47세 제나라를 떠나 송나라로 가다.

48세 송나라를 떠나 추나라로 돌아오다.
49세 추나라에서 등나라로 가다. 등나라 정공이 죽고 문공이 즉위하다.
51세 다시 추나라로 돌아오다.

53세(320년) 양나라 혜왕의 초빙을 받고 양나라로 가다.(사기에는 336년으로 되어 있다.)
54세 혜왕이 죽고 양왕 즉위. 제나라로 가다.

55세 제나라 선왕을 알현하고 객경이 되다.

56세 모친 상을 당하여 노나라로 돌아와 장례를 모시다.
58세 다시 제나라로 가다.

59세 제나라가 연나라를 정벌하고 횡포하자, 제나라를 떠나 송나라로 가다.